KB189122

틱낫한

평화 되기

틱낫한

평화 되기

THICH NHAT HANH   이현주 옮김

Being Peace

불광출판사

"마음챙김을 세상에 가르친 교사."

-⟨TIME⟩

"틱낫한은 개인의 내적 평화와 땅 위의 평화가 어떻게 연결되는지를
우리에게 보여준다."

-달라이 라마(His Holiness the Dalai Lama)

"틱낫한은 성스러운 사람이다. 겸손하고 헌신적이기 때문이다.
그는 대단한 지적 능력을 갖춘 학자다. 평화에 대한 그의 생각은,
그대로 적용된다면, 에큐메니즘과 세계의 형제애와 인류 전체에
하나의 기념비로 세워질 것이다."

-마틴 루터 킹 2세(Dr. Martin Luther King, Jr)

"틱낫한의 글은 여기저기에서 현대인의 아픔과 슬픔을 풀어주는
해독제로 인정받는다. 여기 원문의 힘으로 보존된 생명을-내어주는-마음,
하나의 기념비가 있다. 나는 그의 가르침들을 읽고 그대로 실천하면서,
내가 지금 중력(重力)처럼 스며들고 그것과 동일한 자비의 힘에 의하여
움직여지고 있다는 느낌을 받는다. 그의 책들은 나를 좀 더 사람 되고
전보다 나은 '나'로 되는 데 도움을 준다.

-오션 브엉(Ocean Vuong),
『지상에서 우리는 잠시 매혹적이다(On Earth We're Briefly Gorgeous)』 저자

"불교와 세상에 관심 있는 사람들을 위한 사막의 물 한 잔."

—〈San Francisco Chronicle〉

"틱낫한은 큰 스승이다. 한평생 나는 그의 작품들을 고마움과
기쁨으로 공부해왔다. 그의 저술, 그의 공개강연, 그의 깨달음을 통해서
나는 비전과 선명함을 얻었다. 나는 그보다 더 밝고 결연하고
용감한 영혼을 발견할 수 없을 것 같은 느낌을 자주 받는다."

—앨리스 워커(Alice Walker), 『컬러 퍼플(The Color Purple)』 저자

"영적 구도자와 사회운동가들에게 이것이 그것이다, 참여불교의 바이블."

—〈Inquiring Mind〉

"『평화 되기』는 그동안 읽힌 가장 중요한 책들 가운데 하나다."

—〈Pilgrim's Way Catalog〉

"틱낫한은 단순히 평화를 가르치지 않는다. 틱낫한은 평화다."

—앨리자베스 길버트(Elizabeth Gilbert),
『먹고 기도하고 사랑하라(Eat, Pray, Love)』 저자

"틱낫한은 세계에서 가장 존경받는 지도자들 가운데 한 명이다.
그의 가르침과 마음챙김 수련이 내 인생 여정에 깊은 영향을 미쳤다.
그는 우리의 앞길을 비춰주며 우리 자신과 세계의 평화를 이루는 데 필요한
자비, 사랑 그리고 이해를 낳아주는 지혜의 횃불이다."

–마크 베니어프(Marc Benioff), Salesforce 대표 CEO

"틱낫한의 말은 물과 같다.
단순하고 순수하고 투명하고 생명에 없어서는 안 되는 물."

–알레한드로 곤잘레스 이냐리투(Alejandro González Iñárritu),
영화 〈버드맨(Birdman)〉과 〈레버넌트(The Revenant)〉 감독

"이 책은 하나의 보물이다. 깊이 들여다보면 틱낫한의 가장 중요한
가르침들의 씨와 함께 당신 자신의 깨어남의 씨를 보게 될 것이다."

–잭 콘필드(Jack Kornfield), 『마음의 숲을 거닐다(A Path With Heart)』 저자

"어떻게 마음챙김을 가르치는 베트남의 한 불교 스님이 마틴 루터 킹을
감동시키고 21세기의 위대한 비폭력 활동가들 가운데 하나로 존재하는가?
그 어느 교수와도 달리 틱낫한은 우리와 다른 사람들을 위하여 자비에
근거한 사회운동의 혁명적 가능성을 우리에게 보여준다."

–존 A. 파웰,(Professor john a. powell), 버클리 캘리포니아대학 사회문제연구소
(The Othering & Belonging Institute at US Berkeley) 총무

"나는 1968년 파리에서 그를 처음 만났다. 베트남 전쟁에 반대하는 젊은 학생들의 반문화 정서가 한창이던 시절이었다. 파리에 그가 있다는 사실 자체가 메마른 대지를 적시는 단비 같았다. 그 뒤로 그는 오십여 년 긴 세월에 인류의 양심으로 존재해왔다. 그는 정신적 깨어남, 사회의 조화, 생태적 각성의 촉매제였다. 그는 헌신, 결단 그리고 기쁨으로 인간의 정신을 배양하였다. 겸손하고 온유하지만 설득력이 강한 굳은 의지의 인물이기도 했다. 그를 알고 그의 가르침에 따라서 산다는 것이 나에게는 인생의 커다란 기쁨이었다."

–사티스 쿠마르(Satish Kumar),
잡지 〈Resurgence & Ecologist〉 명예 편집장, 슈마허 대학 창설자

"틱낫한은 불교의 방대한 가르침들을 그 가장 깊은 중심으로 응축시킨 것 같다. …이 책은 베트남의 악몽으로부터 자신의 영혼을 손상되지 않았을 뿐 아니라 더욱 밝게 빛나는 것으로 구출해낸 놀라운 한 인간의 가슴을 비쳐준다."

–〈Resurgence〉

"『평화 되기』는 사랑과 지혜의 보석, 우리 자신의 행복한 부처님을 비쳐 보여주는 거울… 웃음의 기대하지 않은 기쁨으로 종교를 초월하여 모든 사람을 감동시킬 하나의 특별한 인식(認識)이다."

–〈East West Journal〉

"평화를 만들기 위하여 평화로 되기에 관한 탁월한 명상. 세계가 처해 있는 상황과 우리 인생의 질(質)에 관심이 있는 모든 사람을 위한 책."

–〈In Context〉

틱낫한을 개인적으로 만나지 못한 것이 나로서는 유감이다. 그의 『평화 되기』를 읽는 동안 내 깊은 속 어디에서 그것이 메아리로 울렸기 때문이다. 나는 제2차 세계대전 당시 어린아이에 불과했지만 그래도 살인과 파괴로 멍든 어려운 시절의 공포는 잘 알고 있었다. 우리는 밤마다 독일 폭격기와 딱정벌레 같은 장갑차들이 겁을 주는 대도시에 살지 않는데도 비행기가 머리 위로 날면 방공호에 숨어서 근처에 떨어진 폭탄으로 집이 흔들리는 것을 느껴야 했다. 우리가 아는 사람들이 죽어갔다. 죽음의 수용소에 대하여 알게 되고 시체 더미에서 겨우 살아나 뼈만 남은 이들의 사진을 처음 보았을 때 나는 커다란 충격에 휩싸였다. 어떻게 사람이 같은 사람한테 이럴 수 있단 말인가?

어려운 일을 겪을 때마다 나는 눈앞에서 벌어지는 일을 소화하기 위하여 내가 좋아하는 뜰의 나무 위로 올라갔다. 내가 내적 평화의 중요성을 배운 장소가 바로 거기였던 것 같다. 틱낫한은 말한다.

"인생은 고통으로 가득차 있지만 또한 수많은 놀라운 일들로도 가득차 있다." 이 경이로운 스님과 그의 가르침이 있는 줄도 몰랐지만 그의 이 말은 이미 내 존재의 일부로 되어 있었다. 나뭇잎을 흔드는 산들바람, 새의 노랫소리, 엄마 눈동자에 담긴 사랑, 내 특별한 개와의 깊은 정서적 연대가 모두 나에게는 놀라운 것들이었다. 그리고 비록 당시에는 몰랐지만 아픔과 괴로움을 견디는 한 가지 방법이 매 순간을 착실하게 사는 것임을 그때 나는 배웠다. 그리고 다른 한 가지 방법은, 그것을 나중에야 발견했지만, 상황에 도움이 될 무슨 일을 어떤 일이든지 하는 것이다.

틱낫한은 베트남 사람들이 "미국 전쟁"이라고 부르는 전쟁이 베트남을 갈라놓을 때 그 파괴적 힘에 훨씬 가까이 있었다. 당시 나는 그의 세계에서 벌어지는 가공스러운 일들로부터 멀리 떨어진 곳에 있었다. 탄자니아 곰베 국립공원(Gombe National Park) 열대우림에서 침팬지와 그들이 사는 숲한테서 살아 있는 모든 것들이 상호 연결되어 있음을 배우는 중이었다. 그것은 자연 세계와의 긴밀한 영적 결속 그리고 나를 에워싼 온갖 아름다운 것들과 하나 됨을 몸으로 느껴 아는 것이었다. 당시 베트남에서 벌어지고 있던 끔찍한 일들, 수많은 사람을 극심한 고통으로 몰아간 네이팜 폭격, 거대한 에이전트 오렌지 (Agent Orange. 베트남 전쟁 중에 게릴라가 숨어 있는 삼림 지역의 나뭇잎을 없애기 위해 미군이 무차별적으로 뿌렸던 제초제. 이 화학물질에 노출되면 피부병 등 각종 질병을 일으킨다. -편집자)로 말라버린 숲에 대하여 알게 되었을 때 나는 공황에 빠졌다. 아, 저 극심한 사람들의 고통. 자연의 고통.

많은 스님들과 달리 틱낫한은 고국에서 자행되는 불의를 고발하고 그것에 항변하는 길을 선택하였고 미국(과 연관된 다른 나라들)을 순회하며 전쟁을 멈추게 해달라고 호소하였다. 그런데 그는 이 일로 말미암아 강제로 추방당하고 북베트남과 남베트남 양쪽 정부에 의하여 조국으로 돌아가는 길이 막혔다. 이렇게 해서 불교의 가르침을 전 세계에 전하는 그의 미션이 시작되었다. 그의 개인적인 비극이 전 지구의 수백만 사람들에게 하나의 축복으로 바뀐 것이다.

내가 1991년에 설립한 젊은 운동단체 '뿌리와 새싹'(Roots & Shoots)에서 핵심 가르침으로 삼는 것은 모든 개인이 **날마다** 다른 무엇을 만들어내거니와 무엇을 다르게 만들 것인지를 네가 선택할 수 있다는 아이디어다. 세상 만물이 상호 연결되어 있고 한 개인의 행위가 지구 반대편에 영향을 미칠 수 있다는 것. 우리의 진정한 인간 가능성을 실현하려면 머리와 가슴이 조화를 이루어 함께 일해야 한다는 것. 사람들의 생각을 바꾸려면, 인간의 변화가 안에서부터 일어나는 것이므로, 그들의 가슴을 건드리는 게 중요하다는 것. 그리고 네가 어떤 불의에, 사람이나 동물을 해치는 잔혹한 일에 관심이 깊다면, 그렇다면 그에 대하여 뭔가를 해야 한다는, 팔을 걷어붙이고 행동을 취해야 한다는 것.

'뿌리와 새싹' 멤버들은 사람들끼리 그리고 자연 세계와 더불어 평화와 조화를 이루며 살 필요가 있음을 잘 안다. 당신이 평화로운 세계를 꿈꾼다면서 그 평화를 위한 싸움이 분노와 증오에서 나온다면 어떻게 당신의 꿈을 이룰 수 있겠는가? 그건 아니다. 틱낫한의 가르침대로 우리 자신이 세상에서 원하는 바로 그 평화여야 한다. 많은 이들에게 이것이 불가능해 보일 것이다. 당신 부모가 살해되었는데, 당신이 성폭행을 당했는데, 당신 집이 파괴되었는데, 어떻게 당신이 세상에서 바라는 그 평화일 수 있겠는가? 하지만 사랑과 평화를 향한 희망으로 가득 찬 가슴의 사람들에 둘러싸여 있다면 도움이 될 것이다. 어쩌면 당신이 증오에서 한 걸음 물러서는 데, 그리고 용서를 향하여 나아가는 데, 도움이 될 것이다.

이것들이 내가 틱낫한을 만나서 토론할 수 있었으면 하는, 나로 하여금 밤중에 잠 못 들고 깨어 있게 하는, 문제들이다. 그의 지혜가, 그의 평화로운 후광이, 나를 도와서 내 인생 여정을 제대로 갈 수 있게 해주고 그리하여 나 또한 고통당하는 이들을 더 잘 도울 수 있게 해주리라는 걸 알기 때문이다.

최근에 나는 자기가 저지르지 않은 범죄로 형을 받고 있는 익명의 남자한테서 편지 한 통을 받았다. 선고된 형량은 8년 징역형이다. 하루에 한 시간 남짓 감방에서 나와 높은 담장으로 둘러싸인 작은 공터로 가는 게 허용되었다. 그는 이렇게 썼다. "나는 지금 솜털구름이 가볍게 떠 있는 푸른 하늘 아래, 무성한 무화과나무 곁에, 앉아 있습니다. 칼새, 황조롱이, 참새, 찌르레기 그리고 가끔 나타나는 독수리들이 우아하게 하늘을 장식합니다. 가로세로 15미터밖에 안 되는 작은 공터지만 나는 여기에서 내 자유를 찾습니다. 내가 옥에 갇힌 사람이라는 생각이 거의 들지 않네요." 어쩌면 그가 유명한 틱낫한의 문장을 읽었는지 모르겠다. "인생은 고통으로 가득차 있다. 그러나 또한 푸른 하늘, 밝은 햇살, 아기 눈동자 같은 경이로운 것들로도 가득 차 있다. 고통당하는 것만으로는 충분치 않다. 우리는 생명의 경이로움에도 가서 닿아야 한다. 우리 안, 우리 주변, 모든 곳, 모든 때에 그것들이 있다."

죽음의 수용소에서 살아남은 한 생존자가 내게 말해주었다. 자기가 독방에서 이태 동안 살아남을 수 있었던 것은 감방 벽 한쪽 높은 곳에 작은 창이 있어서 그리로 나뭇가지 하나를 볼 수 있었기 때문이라고. 그 나무의 싹들이 잎으로 돋아나고 어쩌다가 새가 날아와 앉고 가을이면 잎들이 황금색으로 물드는데, 그것을 지켜보며 길고 어두운 겨울을 견뎌낼 수 있었다고. 그것은 그가 생명의 경이로움—

나뭇잎들과 새들 – 을 내면에 간직하고 기억하면서 이듬해 봄 다시 터오를 싹들을 기다릴 수 있었기 때문이었다.

　　내가 이 글을 쓰고 있는 지금 우리는 어두운 시절을 살고 있다. 하지만 다행하게도 평화와 정의를 위하여 그리고 온갖 차별을 끝장 내기 위하여 싸우는 용감한 사람들이 많이 있다. 그들은 생태계를 파괴하고 지구별의 천연자원을 유린하는, 수백만 사람들을 고향에서 내쫓고 굶주림으로 죽어가게 하는, 인간의 오만 그리고 권력과 재물에 대한 탐욕에 맞서 싸우고 있다. 『평화 되기』는 삼십여 년 전인 1987년에 출간된 책이지만 그 안에 담긴 말들은 여전히 더 나은 세상을 위하여 기도하고 일하는 사람들에게 위안이 될 수 있다.

　　다른 사람 마음을 바꾸려면 먼저 네 마음을 바꿔야 한다고, 틱낫한은 말한다. 이 가르침은 그가 가는 곳마다 사람들에게 주는 선물이었다. 그 선물이 이 책에 담긴 그의 가르침 안에 계속 살아 있다. "고통당하는 것만으로는 충분치 않다." 그는 말한다. "우리는 생명의 경이로움에도 가서 닿아야 한다." 폭격으로 망가진 시리아 마을에서 상처 입은 아이를 고이 안고 나오는 병사, 난민수용소 나뭇가지에 앉아서 노래하는 새, 창밖에서는 폭도의 총질이 어지러운데 어린 아기 품에 안고 자장가를 불러주는 엄마, 죽어가는 여인의 눈동자를 들여다보며 품어주던 연인에 대한 추억.

이 책을 읽는 모든 이들에게, 이 책에 담긴 메시지가 당신 인생 여정에 힘이 되어주기를, 당신 삶의 소중함을 확인시켜주기를, 그리하여 당신이 더욱 더 "생명의 경이로움에 가서 닿을 수" 있기를.

2020
제인 구달(Jane Goodall) PhD. DBE
[제인 구달 연구소 설립자, 유엔 평화대사]

I

고통만으로는 충분치 않다

인생은 고통으로 가득차 있다. 그러나 푸른 하늘, 밝은 햇살, 어린아이 눈동자 같은 경이로운 것들로도 가득차 있다. 고통만으로는 충분치 않다. 우리는 생의 경이로운 것들에도 가서 닿아야 한다. 그것들은 우리 안에, 우리 주변에, 어디에나, 언제나 있다.

우리가 행복하지 않으면, 평화롭지 않으면, 그러면 우리는 평화와 행복을 다른 사람들과, 그들이 우리가 사랑하는 사람들이고 한 지붕 아래 사는 사람들이라 해도, 나눌 수 없다. 우리가 평화로우면, 우리가 행복하면 그러면 꽃처럼 웃으며 피어날 수 있고 우리 가족 모두가, 전체 사회가, 우리의 평화에서 나오는 혜택을 누릴 것이다. 우리가 푸른 하늘을 즐길 수 있으려면 무슨 특별한 노력이 필요한가? 그것을 즐기려면 수련을 따로 해야 하는가? 아니다, 그냥 즐기면 된다.

우리는 삶의 모든 순간순간을 그렇게 살 수 있다. 우리에게는 어디서든지, 언제든지 햇빛을 즐기고 서로에게, 자기 호흡에 대한 감각에 현존할 수 있는 능력이 있다. 푸른 하늘을 즐기려고 중국에 갈 필요가 없다. 호흡을 즐기려고 미래로 가지 않아도 된다. 지금 당장 우리는 그것들에 닿을 수 있다. 우리가 고통에 대해서만 깨어 있다면 그건 참으로 딱한 일이 아닐 수 없겠다.

우리는 너무 바빠서 사랑하는 사람들을, 한 집안에 있는 사람들이라도, 그리고 우리 자신을 바라볼 시간이 거의 없다. 여가 시간이 있어도 그것을 어떻게 써서 자기 자신한테로 돌아갈 수 있는지 그 방법을 알 수 없도록 사회가 조직되어 있다. 우리가 이 값진 시간을 분실하는 방법은 수도 없이 많다. 툭하면 텔레비전을 켠다. 자기 자신과 함께 있어 보지 않았고 그래서 마치 자기를 싫어하는 것처럼, 자기한테서 도망치려고 하는 것처럼, 그렇게 행동한다.

명상은 우리 몸에서, 느낌에서, 생각에서 그리고 세상에서 무슨 일이 벌어지고 있는지에 대하여 깨어 있는 것이다. 날마다 4만 명의 아이들이 굶주려 죽어가고 있다. 초강대국들이 5만 개도 넘는 핵무기를 보유하고 있는데 그것이면 이 지구별을 몇 번이고 파괴할 수 있다. 그래도 햇빛은 아름답고 오늘 아침 담장에서 피어나는 장미는 하나의 기적이다. 삶은 겁나는 것이면서 경이로운 것이다. 명상을 수련하는 것은 이 두 얼굴과 만나는 것이다. 제발 명상하기 위해서 혼자 있어야 한다고 생각하지 마라. 실제로 우리가 명상을 잘하려면 많이 웃어야 한다.

최근에 아이들 한 무리와 함께 앉아 있는데 팀(Tim)이라는 아이가 아름답게 웃고 있었다. 내가 말했다. "팀, 너 참 예쁘게도 웃는구나." 그가 말했다. "고맙습니다." 내가 그에게 말했다. "네가 나한테 고맙다고 할 게 아니라 내가 너한테 고맙다. 네가 그 웃음으로 내 인생을 좀 더 아름답게 만들고 있거든. 그러니 너는 '고맙습니다.'라고 말하는 대신 '천만에요.'라고 말해야 하는 거야."

한 아이가 웃는 건, 한 어른이 웃는 건, 아주 중요한 일이다. 일상생활에서 우리가 웃을 수 있으면, 평화롭고 행복할 수 있으면 우리뿐 아니라 모든 사람이 혜택을 입게 될 것이다. 이것이 가장 기본적인 평화 사업이다. 웃고 있는 팀을 볼 때 나는 무척 행복하다. 자기가 다른 사람들을 행복하게 해주고 있음을 안다면 "천만에요."라고 말할 수 있을 것이다.

*

때마다 안심과 평화를 자기한테 상기시키기 위하여 우리는 몇 시간쯤 수련에 할애하고 하루를 마음챙김 하며 살고자 노력할 수 있다. 그때 천천히 걷고, 웃고, 친구와 차 한 잔 나누고, 지구별에서 가장 행복한 사람처럼 즐거이 함께 있을 수 있다. 이것은 뒤로 물러나는 (retreat) 것이 아니라 먼저 나아가 마주하는(treat) 것이다. 걷기 명상을 하면서, 부엌일이나 밭 가꾸기를 하면서, 앉기 명상을 하면서, 종일 웃기 수련을 할 수 있다. 처음에는 웃기가 어렵다는 걸 알게 될지도 모르지만, 우리는 그 이유를 알아야 한다. 웃는다는 건 우리가 우리 자신임을, 자기를 다스리는 주인임을, 망각 속에 익사하지 않았음을 의미한다. 이런 웃음을 우리는 부처님이나 보살들한테서 볼 수 있다.

　시간마다 숨을 들이쉬고 내쉬면서 읊을 수 있는 짧은 게송 하나 소개한다.

　　　숨을 들이쉬면서, 나는 내 몸을 조용히 가라앉힌다.
　　　숨을 내쉬면서, 나는 웃는다.
　　　현재 순간에 머물면서,
　　　이것이 놀라운 순간임을 나는 안다.

　"숨을 들이쉬면서, 나는 내 몸을 조용히 가라앉힌다." 이 한 줄 읊는 것은 얼음물 한 잔 마시는 것과 같다. 당신 몸을 받아주는 그 차가

움과 신선함을 느끼는 거다. 숨을 들이쉬면서 이 한 줄을 읊을 때 나는 실제로 숨이 내 몸을 조용히 가라앉히고 내 마음도 조용히 가라앉히는 걸 느낀다.

"숨을 내쉬며, 나는 웃는다." 당신은 웃음의 효과를 안다. 웃음 하나가 당신 얼굴의 수많은 근육들을 풀어줄 수 있고, 신경계통의 긴장을 풀어줄 수 있다. 웃음 하나가 당신을 당신의 주인으로 만든다. 그래서 부처님과 보살들이 언제나 웃고 있는 거다. 웃을 때 당신은 웃음의 경이로움을 실현하고 있는 것이다.

"현재 순간에 머물면서." 자리에 앉아 있을 때 나는 다른 어디를, 미래나 과거를 생각하지 않는다. 나는 여기 앉아 있고 내가 어디 있는지 나는 안다. 이는 대단히 중요하다. 우리는 지금이 아니라 미래를 살려는 성향이 있다. 그래서 말한다. "내가 학교를 마치고 박사학위 딸 때까지 기다려라. 그때 나는 **진짜**로 살 것이다." 그것을 얻어도 우리는 만족 못한다. 그래서 스스로 말한다. "진짜로 살려면 직장을 얻을 때까지 기다려야 한다." 그래서 직장이 생기면 다음엔 자동차다. 자동차 다음엔 집. 우리는 현재 순간을 살지 못한다. 살아 있기를 미래로, 언제일지 모르는 먼 미래로, 미룬다. 지금은 우리가 살아가는 순간이 아니다. 결국 한평생 살아보지 못할 것이다. 그러므로 테크닉은, 그것을 테크닉이라고 말해야 한다면, 현재 순간에 존재하는 것이다. 우리가 지금 여기 있음에, 그리고 우리가 살아갈 유일한 순간이 현재 순간이라는 사실에, 깨어 있는 것이다.

"이것이 놀라운 순간임을 나는 안다." 이것은 실재하는 유일한 순간이다. 지금 여기에 있는 것, 그리고 현재 순간을 즐기는 것이 우리의 가장 중요한 임무다. "고요, 웃음. 지금 이 순간, 놀라운 순간." 당신도 해보기 바란다.

✳

삶이 고달프더라도, 때로 웃기 힘들더라도, 우리는 시도해야 한다. 우리가 서로 "좋은 아침"이라고 말할 때 그것이 정말로 "좋은 아침"이어야 하듯이.

최근에 한 친구가 내게 물었다, "어떻게 슬픔으로 가득찬 나한테 웃음을 강요한단 말입니까? 자연스럽지 않아요." 나는 그녀에게, 당신의 슬픔에 웃어줄 수 있어야 한다고, 왜냐하면 우리가 슬픔보다 더한 존재이기 때문이라고 말해주었다. 한 인간 존재는 수많은 채널이 있는 텔레비전과 같다. 우리가 부처님에게 채널을 돌리면 그러면 우리는 부처다. 우리가 슬픔에 채널을 돌리면 그러면 우리는 슬픔이다. 우리가 웃음에 채널을 돌리면 그러면 우리는 진짜 웃음이다. 어느 한 채널이 우리를 지배하게 할 수는 없다. 우리 안에는 온갖 씨들이 들어 있다. 우리 주권을 되찾기 위해서는 상황을 손에 넣어야 한다.

우리가 평화롭게 앉아서 숨쉬고 웃을 때, 그때 우리는 우리의 참 자아이고, 자기 자신의 주인이다. 자기를 텔레비전 프로그램에 열어 줄 때 텔레비전이 우리를 점령하도록 놔두는 것이다. 때로 좋은 프로 그램도 있지만 대개는 그저 소음이다. 우리 아닌 무엇이 우리 속으로 들어오기를 원하기 때문에, 그래서 거기 앉아 시끄러운 텔레비전 프로그램으로 하여금 우리를 침범하고 공격하고 파괴하게 하는 것이다. 몸이 결리고 아파도 용감하게 일어나 텔레비전을 끄려고 하지 않는다. 그렇게 하면 자기 자신한테로 돌아가야 하기 때문이다.

명상은 반대다. 그것은 우리를 참 자아로 돌아오게 도와준다. 오늘 우리가 사는 이런 세상에서 명상을 수련한다는 건 무척 어려운 일이다. 모든 것이 손을 잡고서 우리를 자기의 참 자아로부터 떨어뜨려 놓으려 하는 것 같다. 우리에게는 자기를 자기한테서 멀어지도록 도와주는, 비디오테이프나 음악 같은 것들이 수도 없이 많다. 명상을 수련하는 것은 깨어 있는 것, 웃는 것, 숨쉬는 것이다. 이것들은 반대쪽에 있다. 무슨 일이 벌어지고 있는지를 알기 위해서 우리는 자기 자신한테로 돌아간다. 명상하는 것이 눈앞에서 벌어지는 일들에 깨어 있는 것이기 때문이다. 지금 일어나고 있는 일, 그게 매우 중요하다.

*

당신이 아기를 원한다고 하자. 당신은 그 아기를 위해서 숨쉬고 웃을 필요가 있다. 부디 아기를 보살펴주려고 아기가 태어날 때까지 기다리지 마라. 지금 당장 당신은 당신 아기를 보살펴줄 수 있다. 당신이 웃을 수 없다면 그건 매우 심각한 일이다. 당신은 이렇게 생각할지 모르겠다. "지금 나는 너무 슬프다. 여기서 웃는 건 온당한 짓이 못 된다." 어쩌면 울부짖고 소리 지르는 게 온당할지 모른다. 하지만 당신 아기가 그것을 몸으로 받아들일 것이다. 당신의 존재, 당신의 행동, 그 모두가 당신 아기한테 하는 것이다.

당신 뱃속에 아기가 없더라도 씨는 이미 거기 있다. 당신이 미혼이라 해도, 남자라 해도, 아기가 이미 거기 있고 다가오는 세대의 씨들이 이미 거기 있다는 사실에 깨어 있어야 한다. 제발 당신이 보살필 아기가 들어섰다고 의사가 말할 때까지 기다리지 마라. 당신이 누구든, 당신이 무슨 짓을 하든, 당신 아기가 그대로 받아들인다. 당신이 먹는 음식, 당신이 마음에 품은 근심 걱정, 그 모두가 아기 몫으로 돌아갈 것이다. 그래도 당신, 웃을 수 없다고 나에게 말할 수 있는가? 아기를 생각해라. 그 아기를 위해서, 다가올 세대를 위해서, 제발 웃어라. 당신의 웃음과 슬픔이 함께 갈 수 없다는 말은 하지 마라. 그건 당신 슬픔이다. 하지만 당신 아기는 어쩔 것인가? 그건 그의 슬픔이 아니다.

모든 여자, 모든 남자, 모든 아이 안에 깨어나고 이해하고 사랑하는 힘이 있다는 걸 아이들은 잘 안다. 이런 힘이 없는 사람을 보지 못했다고 많은 아이들이 내게 말했다. 사람에 따라서 누구는 그 힘을 자라게 하고 누구는 그러지 않지만 그것이 없는 사람은 없다. 당신 느낌 안에, 당신 몸 안에, 당신 인식 안에 그리고 이 세상에서 일어나는 일에 깨어나고 그것을 알 수 있는 능력을 일컬어 부처님의 본성 [佛性], 이해하고 사랑하는 능력이라고 한다. 바로 그 아기 부처님이 우리 안에 있다. 그러므로 우리는 그에게 기회를 주어야 한다. 웃음은 매우 중요하다. 우리가 웃지 못한다면 세상에 평화는 없을 것이다. 우리가 평화를 가져올 수 있는 길은 밖으로 나가서 핵무기 반대 시위를 하는 데 있지 않다. 웃고 숨쉬고 평화롭게 존재하는 능력을 발휘함으로써 평화를 이룰 수 있는 것이다.

2

나무 보물

많은 사람이 세계의 상황을 염려한다. 언제 폭탄이 터질지 아무도 모른다. 우리가 시대의 벼랑에 서 있다는 느낌이다. 개인으로서 우리는 속수무책이고 절망적이다. 상황은 너무나 위태롭고 불의는 너무나 팽배하고 위험은 너무나 가까이 있다. 이런 상황에서 우리가 공포에 질린다면 사정만 더 고약해질 뿐이다. 우리는 침착하고 분명하게 볼 필요가 있다. 명상은 깨어 있으면서 스스로를 돕고자 하는 것이다.

나는 시암만(Gulf of Siam. 시암만의 이름은 현재 타이(태국)만으로 바뀌었다. 태국, 캄보디아, 베트남이 이 만을 두고 서로 이웃한다. - 편집자)을 건너는 작은 배를 즐겨 예로 든다. 베트남에는, 보트피플이라고 불리는, 작은 배로 고국을 등지는 사람들이 많이 있다. 간혹 배가 거친 바다나 폭풍에 사로잡히는데 그때 사람들이 공포에 질리면 배가 가라앉을 수 있다. 하지만 한 사람이라도 침착하게 깨어 있어서 무엇을 하고 무엇을 하지 말아야 할지를 안다면 바로 그 한 사람이 배가 안전하도록 도와줄 수 있다. 그의 표정 – 얼굴, 목소리 – 이 분명함과 침착함을 나타내고 그러면 사람들이 그를 신뢰할 수 있다. 그들은 그가 하는 말을 귀담아들을 것이다. 그런 사람 하나가 많은 인명을 구할 수 있다.

우리 세계는 작은 배와 비슷하다. 우주에 견주어 이 떠돌이별은 아주 작은 배다. 우리는 지금 바다에 떠 있는 작은 배보다 결코 낫지 않은 상황 때문에 공포로 질릴 판이다. 이 세계에 5만 개도 넘는 핵무기가 있다는 사실을 당신은 알고 있다. 바야흐로 인류가 대단히 위험한 종(種)으로 되어버렸다. 우리는 조용히 앉아서 웃을 수 있는 사람들, 평화롭게 걸을 수 있는 사람들이 필요하다. 우리를 구해줄 그런 사람들이 있어야 한다. 대승불교는 말한다, 네가 바로 그 사람이라고, 우리 모두가 저마다 그 사람이라고.

＊

틱탄반(Thich Thanh Van)이라는 이름의 제자가 있었다. 여섯 살 때 사원에 온 아이였다. 열일곱 살에 나와 함께 공부를 시작했다. 뒤에 그는 사회봉사청년학교 초대 교장이 되었고 베트남 전쟁 기간에는 수

천 명 젊은이들을 이끌어 파괴된 마을을 복구하고 전쟁터에서 온 수천 명 피난민들이 거할 천막을 지어주었다. 어떤 사고로 그가 살해당했다. 그의 사망 소식을 들었을 때 나는 코펜하겐에 있었다. 그는 매우 온순하고 용감한 승려였다.

그가 여섯인가 일곱 살짜리 동자승이었을 때 사람들이 과자나 바나나를 가져와서 부처님께 드리는 것을 보았다. 그는 부처님이 바나나를 어떻게 먹는지 보고 싶었다. 그래서 사람들이 모두 집으로 돌아가고 절간 문이 닫히기를 기다렸다가 문을 살짝 열고는 부처님이 손을 내밀어 바나나 껍질을 벗겨서 먹는 모습을 보려고 했다. 기다리고 또 기다렸지만 아무 일도 일어나지 않았다. 부처님은 바나나를 먹지 않는 것 같았다. 이윽고 그는 누가 자기를 엿보고 있음을 알아차렸다.

틱탄반은 어린 소년이었을 때의 몇 가지 이야기를 내게 들려주었다. 불상(佛像)이 부처님이 아니라는 사실을 발견한 그가 어디에 부처님들이 있는지를 묻기 시작했다. 그가 보기에 부처님들이 사람들 사이에 사는 것 같지는 않았기 때문이다. 마침내 그는 부처님들이 아주 좋은 분들은 아니라는 결론을 내렸다. 사람들이 부처가 되면 우리를 떠나 먼 나라로 갈 것이라고 생각했던 것이다. 나는 그에게 우리가 부처라고 말해주었다. 그들은 동이나 은이나 금이 아니라 살과 뼈

로 이루어진 존재들이다. 불상은 부처님의 상징일 뿐이다, 성조기가
미국을 상징하듯이. 미국 국기가 곧 미국은 아닌 것이다.

부처의 어원인 **붓드(budh)**는 깨어나다, 알다, 이해하다를 의미
한다. 깨어난 사람, 이해하는 사람을 일컬어 부처라고 한다. 이토록
간단하다. 깨어나고 이해하고 사랑할 수 있는 능력, 그것을 가리켜
부처님의 본성[佛性]이라고 한다. 불자들이 "부처님께 귀의한다."고
말하는 것은 이해하고 깨어나는 자신의 능력을 신뢰한다는 뜻을 그
렇게 표현하는 것이다. 중국 사람들과 베트남 사람들은 "나로 돌아
가 내 안의 부처님께 귀의합니다."라고 말한다. "내 안"이라는 말을
덧보태어 너 자신이 곧 부처라는 사실을 아주 분명하게 밝히고 있는
것이다.

불교에 세 가지 보물이 있다. 깨달은 사람, 부처님. 이해하고 사
랑하는 법, 다르마. 깨어 있어서 조화를 이루고 사는 사람들의 모임,
상가가 그것이다. 이 셋은 상호연결이 되어 있어서 하나를 다른 것과
갈라놓기 어려울 경우가 있다. 모든 사람 안에 깨어나고 이해하고 사
랑할 수 있는 능력이 있다. 그러므로 우리는 자기 안에서 부처, 다르
마 그리고 상가를 발견하게 된다. 다르마와 상가에 대해서는 뒤에 설
명할 기회가 있겠고 여기서는 먼저 자기의 이해와 사랑을 최고 경지
까지 끌어올린 사람, 부처님에 대하여 몇 가지 말해야겠다.

이해와 사랑은 두 개의 동떨어진 물건이 아니다. 그냥 하나다. 당신 아들이 아침에 일어났는데 시간이 벌써 늦었다는 걸 알았다 하자. 그는 누이동생이 아침 먹고 학교에 갈 수 있도록 잠자는 걸 깨워야겠다고 마음먹는다.

누이가 "깨워줘서 고마워."라고 말하는 대신 심술이 나서 "왜 야단이야? 혼자 있게 놔둬!"라고 소리치며 오빠를 발로 찬다. 그는 화가 나서 생각할 것이다. "나는 부드럽게 저를 깨워주었는데, 왜 발로 차는 거야?" 그러고는 부엌으로 와서 당신에게 일러바치거나 아니면 동생을 발로 찰 것이다. 하지만 바로 그때 누이가 감기에 걸려 밤새 아팠을 것임을 알게 된다. 그녀가 감기에 걸려서 그래서 그렇게 행동했을 수 있는 거다. 이제 그는 더 이상 화를 내지 않는다. 바로 그 순간 그 안에 **붓드**가 있는 것이다. 그는 이해하고 깨어 있다. 당신이 이해할 때, 그때 당신은 사랑하지 않을 수 없다. 화를 내는 건 불가능하다. 이해하는 능력을 키우기 위해서 당신은 온갖 중생을 자비의 눈으로 보는 수련을 해야 한다. 당신이 이해할 때, 당신은 사랑한다. 당신이 사랑할 때, 자연스럽게 당신은 사람들의 고통을 덜어주는 방식으로 처신한다.

*

이천오백 년쯤 전에 자신의 이해와 사랑이 완전해지기까지 수련한 사람이 있었다. 세상 모든 사람이 그를 알고 있었다. 이름은 싯다르타. 아주 젊었을 때 싯다르타는 인생이 고통으로 가득차 있고 사람들이 서로 사랑하고 이해하지 않는다는 생각을 하게 되었다. 그래서 집을 떠나 명상과 호흡과 웃음을 수련코자 숲으로 갔다. 그는 수도승이 되었고 자신의 깨어 있음, 이해 그리고 사랑을 최고 수준까지 끌어올리려고 뒤에 수도승이 된 벗들과 함께 여러 해 동안 수련을 계속했다. 비록 총명한 사람들이었지만 그들은 잘못을 저질렀다. 예컨대, 날마다 극소량의 과일조각, 망고나 구아바 한 개 또는 스타 푸르트(star fruit, 열대 과일로 반으로 자르면 별 모양이 되기 때문에 이런 이름이 붙었다. - 편집자)만 먹었던 것이다. 때로는 사람들이 과장하여 싯다르타가 하루에 참깨 한 알만 먹었다고 말한다. 하지만 나는 그가 수련한 인도에 직접 가보았는데 그게 엉터리없는 말인 것을 알았다. 거기는 참깨라는 게 아예 없었다. 나는 그가 여러 번 목욕했다는 네란자라 강에도 가보았고 그 아래에서 그가 성불했다는 보리수도 보았다. 내가 본 보리수는 그 시절의 나무가 아니고 첫 번째 나무의 손자의 손자쯤 되는 나무였다.

어느 날, 싯다르타는 몸이 너무 허약해져서 더 이상 수련을 계속할 수 없게 되었다. 그는 총명한 사람이었고 그래서 마을로 내려가 바나나든 빵이든 무엇이든 좀 먹기로 결심했다. 하지만 서너 걸음 걷다가 쓰러져 의식을 잃었다. 허기가 너무 많이 졌던 것이다. 거의 죽게 되었는데, 마침 숲의 신들에게 줄 음식을 가지고 가던 촌장의 딸 수자타가 그를 발견하고 가까이 다가왔다. 그녀는 그가 아직 살아 있음을 알고 약간의 우유죽을 입에 흘려 넣었다. 싯다르타가 처음에는 반응을 보이지 않더니 이내 입술을 움직여 우유죽을 먹기 시작했다. 그렇게 우유죽 한 그릇을 다 먹고 나자 몸이 훨씬 좋아진 느낌이 들었고 천천히 일어서게 되었는데, 그 모습이 너무나 아름다워 보였다. 싯다르타가 매우 잘생긴 사람이었기 때문이다. 요즘은 사람들이 그의 상(像)을 잘생긴 모습으로 만들지 않는다. 얼굴에 웃음이 없고 오히려 지르퉁한 모습일 경우도 있다. 하지만 그는 본디 잘생긴 사람이었고 수자타는 그를 산의 신으로 생각했다. 그래서 무릎을 꿇고 숭배하려는 자세를 취하자 그가 손을 내밀어 말리며 몇 마디 말을 들려주었다.

당신은 그가 무슨 말을 했다고 생각하는가?

그가 말했다, "우유 한 사발만 더 주시오." 그는 우유가 놀라운 작용을 한다는 사실과 함께 일단 몸에 힘이 있어야 명상을 끝까지 할 수 있음을 알게 되었다. 젊은 여인은 너무나 행복했다. 그래서 그에게 우유 한 사발을 더 주었다. 그리고 나서 그녀는 당신이 누구냐 물었고 그는 자기가 수도승인데 자비와 이해를 최고 수준까지 끌어올려 다른 사람들을 도와줄 수 있도록 명상 수련을 하는 중이라고 대답했다. 그녀가 그에게 자기가 도와줄 만한 무슨 일이 있겠느냐고 묻자 그가 말했다. "날마다 정오에 밥을 조금 가져다줄 수 있겠소? 그러면 내게 큰 도움이 될 것이오." 그날부터 그녀는 밥을 바나나 잎에 싸서 그에게 주었고 때로는 우유도 가져다주었다.

싯다르타와 함께 수련하던 다섯 수도승들은 그를 경멸하며 그가 쓸모없는 인간이라고 생각했다. "다른 데로 수련하러 가세. 저 사람 우유도 먹고 밥도 먹는군. 도무지 참을성이라곤 없는 친구야." 하지만 싯다르타는 아주 잘했다. 아침저녁 명상을 계속했고 건강을 회복함과 동시에 그의 깨달음, 이해, 자비가 매우 빠르게 진척되었다.

어느 날, 네란자라 강에서 수영을 한 뒤에 그는 전적으로 통달하여 완전히 깨달은 사람으로 되기 위해서 한 번만 더 자리에 앉아야겠다는 영감을 받았다. 그가 자리에 앉을 생각을 하면서 걷기 명상을 하고 있는데 물소 목동이 곁으로 지나갔다. 이천오백 년 전 인도에서는 물소들이 쟁기를 끌었고, 물소 목동이 하는 일은 그들을 보살피며 목욕도 시켜주고 풀을 베어서 먹이는 것이었다.

지나가던 물소 목동이 지극히 평화롭게 걸어가는 싯다르타를 보고 곧장 그를 좋아하게 되었다. 때로 우리는 어떤 사람을, 그가 누군지도 모르면서, 좋아하게 되는 경우가 있다. 목동은 뭐라고 말하고 싶었지만 수줍어서 서너 번 머뭇거리다가 이윽고 싯다르타 가까이 다가서며 말했다. "저기요, 스님이 너무 좋아요." 싯다르타가 그를 보고 말했다. "나도 네가 좋다." 이 말에 용기를 내어 소년이 말했다. "정말이지 뭔가 드리고 싶어요. 그런데 드릴 것이 없네요." 싯다르타가 말했다. "나한테 필요한 것이 너한테 있구나. 너 방금 아주 좋은 풀을 베었는데 그 풀 한아름만 줄 수 있겠니? 네가 원한다면." 소년은 자기가 뭔가를 줄 수 있어서 너무 행복했고 싯다르타는 그가 몹시 고마웠다. 물소 목동이 간 뒤에 싯다르타는 풀로 방석을 만들어 그 위에 앉았다.

그는 자리에 앉으며 굳게 맹세했다. "진정한 깨달음을 얻기 전에는 결코 자리에서 일어나지 않으리라." 이토록 강한 결심으로 밤새 명상을 계속했고 드디어 새벽별이 하늘에 모습을 나타낼 때 그는 완전히 깨달은 사람, 이해하고 사랑하는 능력이 가장 높은 경지에 오른 사람, 부처가 되었다.

*

부처님께서는 그 자리에서 웃으며 호흡을 즐기며 두 주간 더 머무르셨다. 매일같이 수자타가 밥을 차려왔고 그를 만나러 물소 목동이 따라왔다. 그는 그들에게 이해하고 사랑하기와 깨어 있기를 가르쳐주셨다. 빨리어 경전에 『소치는 사람의 큰 경』(Mahaagopaalakasutta. 맛지마 니까야 1권 43.)이 들어 있는데 물소 목동이 마땅히 지녀야 할 열한 가지 기술이 열거 되어 있다. 자기 물소 알아보기, 연기로 모기 쫓아내기, 물소 몸의 상처 보살피기, 물소 강 건널 때 도와주기, 마실 물과 먹을 풀이 충분한 곳 찾아내기 등이 그것들이다. 부처님께서는 열한 가지 기술 이야기를 듣고 나서 인간의 다섯 가지 구성요소 알아보기를 포함하여 명상이 그와 같다고 말씀하신다. 부처님의 생애를 다룬 대부분 이야기들이 보리수 근처에 두 주간 머물며 수자타와 물소 목동을 만나 함께 천천히 걷고 순간을 즐긴 대목을 간과한다. 하지만 나는 그 일이 그렇게 있었다고 확신한다. 그게 아니면 어떻게 부처님께서 『소치는 사람의 큰 경』을 남겨주실 수 있었겠는가? 실제로 물소 목동이 자랐을 때 부처님의 제자가 되었고 그가 회중 앞에 앉아 있을 때 부처님께서 그 경을 들려주셨음이 틀림없다.

*

두 주일 뒤에 부처님은 보리수 아래 마련했던 자리를 떨치고 일어나 당신의 이해와 자비를 다른 사람들에게 나눠주어야 한다는 것을 아셨다. 그분이 수자타와 물소 목동에게 이르셨다. "미안하다, 지금 여기를 떠나야겠다. 그동안 무척 행복했다. 하지만 나는 가서 어른들과 함께 할 일이 있다."

그분은 당신의 이해와 사랑을 누구에게 나눠줄까 생각하다가 함께 수련하던 다섯 친구들이 머리에 떠올랐다. 그들을 찾아 종일 걸어서 마침내 그들 숙소에 도달한 것은 그들이 오후 앉기 명상을 막 끝냈을 때였다. 그들은 따로따로 앉아 있었다. 그들 가운데 한 명이 다가오는 부처님을 보고 동료들에게 말했다. "그가 오더라도 자리에서 일어나지 맙시다. 그를 맞으러 문간으로 가지도 말고. 그에게 손이나 발 씻을 물도 주지 맙시다. 그는 참지 못해서 밥도 먹고 우유도 마신 자요." 하지만 막상 도착한 그를 보니 너무나 우아하고 평화로워서 그에게 손발 씻을 물을 주고 특별한 자리를 내어드리지 않을 수 없었다. 부처님께서 그들에게 이르셨다. "친구들이여, 나는 이해하고 사랑하는 길을 찾았소이다. 부디 자리에 앉으시오. 내가 당신들을 가르치겠소." 그들이 처음엔 믿지 않았다. 그래서 말했다. "싯다르타여, 우리가 함께 수련할 때 그대는 중도에 포기하였소. 우유도 마시고 밥도 먹었지. 그런 그대가 어떻게 완전히 깨달은 사람이 되었단 말이

오? 우리에게 말해주어도 우리는 믿을 수가 없소이다." 부처님께서 이르셨다. "친구들이여, 내가 당신들에게 거짓말을 한 적이 있소?" 실제로 그는 누구에게도 거짓말을 하지 않았고 그건 다섯 친구들도 알고 있었다. "나는 당신들에게 거짓말을 결코 하지 않았소. 지금도 거짓말을 하는 게 아니오. 나는 완전하게 깨달은 사람이 되었고 당신들의 선생이 되겠소. 앉으시오, 그리고 내 말을 들으시오." 그리하여 다섯 명이 자리에 앉아 부처님의 말씀을 듣게 되었다. 그분은 그들에게 당신의 다섯 가지 다르마(법)를 설하셨다. 그 말씀을 읽고 싶으면 고통, 고통의 원인, 고통의 소멸 그리고 그 방법에 대한 불교의 기본 교의가 담겨 있는 놀라운 경전(『초전법륜경』)을 보라.

　나는 부처님 생애에 관한 많은 기록들을 읽어보았다. 나는 그분을 우리와 같은 인간으로 본다. 우리가 한 인간 존재로 보기 힘든 부처님의 모습을 그린 예술가들이 없잖아 있다. 하지만 실제로 그분은 한 인간 존재시다. 나는 숱한 불상들을 보았지만 정말로 아름답고 단순한 것들은 별로 많지 않다. 당신 혹시 부처님을 그리고 싶다면 부탁한다. 붓을 들기 전 자리에 앉아 오 분에서 십 분쯤 웃으며 숨을 쉬어라. 그런 다음, 아름답지만 웃고 있는 단순한 부처님을 웃으면서 그리는 거다. 할 수 있으면 그분 곁에 앉아 있는 아이들도 그려라. 부처님은 너무 엄격하지도 않고 너무 근엄하지도 않은, 얼굴에 가벼운 미소를 띤, 젊은 분이시다. 우리는 이 방향으로 나아가야 한다. 부처님을 볼 때 물소 목동과 수자타가 그분을 보았듯이 그렇게 보아야 하기 때문이다.

*

"부처님께 귀의한다."고 말할 때 우리는 그 말을 "부처님이 내 안에 귀의하신다."는 뜻으로 이해해야 한다. 후자 없이는 전자가 완성될 수 없기 때문이다. 부처님에게는 당신이 단순한 개념들이 아니라 실재하는 존재로 되기 위하여 깨어 있고 이해하고 사랑하는 우리가 필요하다. 그분들은 우리 삶에 영향을 미치는 실재하는 존재들이어야 한다. "부처님께 귀의한다."고 말할 때마다 나는 "부처님이 내 안에 귀의하신다."는 말을 듣는다. 나무들과 다른 식물들을 땅에 심을 때 부르는 게송이 있다.

> 내가 나를 땅에 맡깁니다.
> 땅이 저를 나에게 맡깁니다.
> 내가 나를 부처님께 맡깁니다.
> 부처님이 당신을 나에게 맡깁니다.

"내가 나를 땅에 맡깁니다."는 "내가 나를 부처님께 맡깁니다."와 같은 것이다. (내가 나를 나무에 일치시켜서.) 식물은 땅으로 말미암아 죽거나 산다. 식물이 땅에, 흙에 저를 맡기는 거다. 하지만 동시에 땅이 저를 식물에 맡기는 것이기도 하다. 낙엽들이 해체되어 흙을 기름지게 하기 때문이다. 풍요롭고 아름다운 흙의 층이 초목들로 만들어지는 것을 우리는 안다. 지구가 녹색으로 아름다운 건 초목들 때문이다. 초목이 지구가 필요한 만큼 지구도 저를 아름다운 별로 나타내기 위하여 초목이 필요하다. 그래서 우리가 "나를 땅에 맡긴다."고 말할 때 나는 또한 "땅이 저를 나에게 맡긴다."고 말하는 거다. "나는 나를 부처님께 맡기고 부처님은 당신을 나에게 맡기신다." 그때 석가모니 부처님의 지혜, 이해, 사랑이 생명으로 되살아나기 위해서 우리가 필요하다는 사실이 명백해진다. 그러므로 우리한테는 아주 중요한 임무가 있다. 깨어 있음을 실현하고, 자비를 실현하고, 이해를 실현하는 것이다.

우리 모두 부처다. 우리를 통해서만 이해와 사랑이 실현되고 효과를 거두기 때문이다. 틱탄반은 사람들을 도우려고 애쓰다가 살해당했다. 그는 훌륭한 불자(佛子)였다. 그는 훌륭한 부처였다. 전쟁의 희생자 수만 명을 도울 수 있었기 때문이다. 그로 말미암아 깨어남과 이해와 사랑이 수많은 사람에게 현실로 되었다. 우리는 그를 부처님의 몸[佛身]이라고, 산스크리트어로 **붓다카야**(Buddhakaya)라고 부를 수 있다. 불교가 실재하려면 깨어 있는 행동의 화신 붓다카야가 있어야 한다. 그렇지 않은 불교는 그냥 하나의 언어일 뿐이다. 틱탄반은 붓다카야였다. 석가모니는 붓다카야였다. 우리가 깨어날 때, 이해하고 사랑할 때, 그때 우리 모두 붓다카야다.

*

둘째 보물은 다르마. 부처님이 가르치신 내용이다. 이해하고 사랑하는 법, 어떻게 사랑하고 어떻게 이해와 사랑을 실천할 것인지 그 방법을 가르치신 것이다. 부처님이 열반에 드시기 전, 당신 제자들에게 말씀하셨다. "도반들이여, 내 육신의 몸은 이제 여기 없을 것이오. 그러나 가르침의 몸은 늘 여기 있어서 그대들을 도울 것이오. 그대들은 그것을 선생으로, 결코 그대들을 떠나지 않는 선생으로, 여길 수 있소." 이렇게 해서 **다르마카야**(Dharmakaya, 法身)가 태어난 것이다. 다르마도 몸이 있다. 가르침의 몸, 그 방법의 몸이 있다. 다르마카야의 의미는, 대승불교를 따르는 사람들이 복잡하게 만들긴 했지만, 무척 단순한 것이다. 다르마카야는 부처님의 가르침, 이해와 사랑을 실현하는 길이다. 나중에 그것이, 존재론적으로, 존재의 바탕 같은 것이 되었다.

당신이 깨어나도록 돕는 것은 모두가 부처의 성품을 지닌다. 내가 혼자 있을 때 새가 나를 부른다. 나는 나 자신에게로 돌아간다. 나는 숨 쉰다. 그리고 웃는다. 때로는 그것이 나를 다시 한 번 부른다. 나는 웃으며 새한테 말한다. "아까부터 듣고 있다." 소리뿐 아니라 한숨도 당신을 당신의 참 자아로 돌아가기를 상기시켜줄 수 있다. 아침에 창문을 열고 방안으로 들어오는 밝은 빛을 볼 때 당신은 그것을 다르마의 음성으로 알아볼 수 있고 그러면 그것이 다르마카야의 한 부분이 되는 것이다. 깨어 있는 사람이 만물에서 표현되는 다르마를 보는 까닭이 그 때문이다. 자갈 하나, 대나무 한 그루, 아기의 울음 하나가 저마다 당신을 부르는 다르마의 음성일 수 있다. 우리는 이와 같이 수련할 수 있다.

베트남에 불교가 융성하던 13세기 어느 날, 한 수도승이 베트남 불교의 저명한 스승 투에 트룽(Tue Trung) 스님을 찾아왔다. 그가 스님께 물었다. "무엇이 순결하고 흠 없는 다르마카야입니까?" 투에 트룽 스님이 손으로 말똥을 가리켰다. 그건 다르마카야를 대하는 불경스런 태도였다. 사람들이 그것을 두고 말할 때 일반적으로 "흠 없이 깨끗하다."는 말을 썼기 때문이다. 당신은 사람의 어떤 말로도 다르마카야를 설명할 수 없다. 그것이 순결하고 흠 없다는 말을 하긴 하지만 그러니까 그것이 더러운 무엇과 동떨어져 있다는 의미는 아니다.

현실은, 궁극적 현실은, 더럽든 깨끗하든 모든 형용사로부터 자유롭다. 그러니까 그날 스님의 반응은 수도승의 마음을 흔들어서 다르마카야의 본성을 알기 위하여 온갖 형용사들을 떨쳐버릴 수 있게 하려는 것이었다. 스승 또한 다르마카야의 한 부분이다. 그가 우리를 깨어나도록 도와주기 때문이다. 그가 사물을 보는 방식, 하루하루 살아가는 방식, 사람과 동물과 식물들을 대하는 방식, 바로 그것이 우리로 하여금 일상에서 사랑과 이해를 실현토록 도와준다.

사람들 가르치는 방식에도 여러 가지가 있다. 말로 가르치고, 책으로 가르치고, 녹음테이프로도 가르친다. 내가 아는 베트남의 저명한 선승(禪僧) 한 분이 있는데 많은 사람들이 그분한테서 가르침을 받을 수 없다. 그가 호치민 시에서 사람들 가르치는 것이 금지되었기 때문이다. 그가 거기서 사람들을 가르치면 너무 많은 인파가 모여들 것이고 정부 당국은 그걸 좋아하지 않았다. 그래서 사람들은 그의 법문을 녹음테이프로 만들었고 덕분에 그분은 '카세트 스님'으로 유명해졌다. 정부는 그를 그의 사원에서 추방하였고 그는 사람들을 가르치기 위하여 다른 곳으로 가야 했다.

비록 사람들을 직접 가르치지는 않지만 그의 존재 자체가 우리를 깨어 있도록 도와주고 있다. 그건 그분이 다르마카야의 한 부분이기 때문이다. 다르마카야는 말로 표현될 뿐 아니라 소리로도 표현된다. 그냥 존재하는 것만으로도 자기를 나타낼 수 있다. 때로는 아무 일 하지 않아도 많은 일을 하는 것보다 더 큰 도움을 준다. 우리는 그 것을 아무 일 하지 않음(無爲, non-action)이라고 부른다. 풍랑 이는 바 다의 작은 배에서 침착한 사람과 같다. 그 사람은 많은 일을 하지 않 고 그저 자기 자신으로 존재할 따름이다. 그런데 그로 말미암아 상황 이 바뀔 수 있다. 그 사람 또한 말하지 않고 가르치지도 않고 그냥 가 만있는 다르마카야의 한 얼굴이다.

이것은 인간뿐 아니라 다른 종(種)들에게도 진실이다. 뜰에 선 참나무를 보라. 참나무는 참나무다. 그게 그가 지닌 모든 것이다. 참 나무가 참나무보다 덜한 무엇이면 우리 모두 난처해진다. 그러기에 지금 참나무는 다르마를 설하고 있는 거다. 아무 일 하지 않고, 사회 봉사청년학교에서 봉사도 하지 않고, 설교도 하지 않고, 앉기 명상조 차 하지 않으면서 참나무는 그저 거기 있는 것만으로 우리 모두를 아 주 잘 돕고 있다. 참나무를 볼 때마다 우리는 마음이 든든해진다. 여 름이면 참나무 시원한 그늘에 앉아서 휴식을 취한다. 참나무가 거기 없으면, 다른 나무들이 거기 없으면, 우리가 맑은 공기로 숨 쉴 수 없 다는 것을 우리는 안다.

우리는 전생에 자기가 나무였음을 알고 있다. 어쩌면 참나무였 을지도 모른다. 이는 그냥 불교의 말이 아니다. 과학적인 말이다. 인종은 매우 젊은 종(種)이다. 우리가 지구상에 나타난 것은 극히 최근의 일이다. 전에는 우리가 바위였고, 가스였고, 미네랄이었고, 단세포 생물이었다. 전에 초목이었고, 나무였는데, 지금 인간이 된 것이다. 우리는 우리의 지난날 실존을 돌이켜보아야 한다. 어려운 일이 아니다. 그냥 앉아서 숨쉬며 바라보라. 당신은 당신의 지난날 실존을 볼 수 있다. 참나무한테 고함을 질러도 참나무는 꿈쩍 하지 않는다. 참나무를 칭찬해도 콧대를 세우지 않는다. 우리는 참나무한테서 다르마를 배울 수 있다. 그러므로 참나무는 다르마카야의 한 부분이다. 우리는 주변의 모든 것들로부터 배울 수 있다. 그것이 우리 안에 있다. 명상센터에 있지 않아도 우리는 집에서 여전히 수련할 수 있다. 다르마가 우리를 에워싸고 있기 때문이다. 모든 것이 다르마를 설하고 있다. 자갈, 나뭇잎, 꽃들이 저마다 『법화경』을 설하고 있다.

*

상가(Sangha, 僧家)는 어울림과 깨어 있음으로 함께 살아가는 공동체다. **상가카야**(Sanghakaya)는 새로운 산스크리트 술어다. 상가 또한 몸이 필요하다. 가족과 더불어 웃기, 숨쉬기, 본인과 자녀들 안에 있는 부처의 몸 알아보기를 수련하면 당신 가정이 상가로 된다. 당신 집에

종(鐘)이 있으면 그 종도 상가카야의 한 부분이다. 그것이 당신의 수련을 돕기 때문이다. 방석이 있으면 방석도 상가카야의 한 부분이 된다. 숨쉬는 공기 같은, 많은 것들이 우리의 수련을 돕는다. 집 가까이 공원이나 강둑길이 있다면 당신은 행운아다. 거기에서 걷기 명상을 할 수 있으니까. 당신은 당신의 상가카야를 찾아야 한다. 친구를 초대하여 함께 앉아서 차 명상을 하거나 걷기 명상을 하는 거다. 이 모든 노력이 당신 집에 상가카야를 마련하기 위한 것이다. 당신한테 상가카야가 있으면 수련이 더 쉬워진다.

장차 부처님이 될 싯다르타가 사람들과 더불어 수련하다가 우유를 마시게 되었고 그러자 함께 있던 다섯 수도승들은 그를 두고 떠났다. 그래서 그는 보리수를 자기 상가카야로 삼았다. 주변에 있던 물소 목동, 우유죽 처녀, 강, 나무, 새들을 자신의 상가카야로 삼은 것이다. 베트남에는 재교육 수용소에 사는 사람들이 있다. 그들에게는 상가가 없다. 선원(禪院)도 없다. 그래도 그들은 수련을 계속한다. 그들은 자기네 상가카야로 삼을 다른 것들을 찾아야 한다. 나는 감방에서 걷기 명상을 한 사람들을 알고 있다. 그들이 수용소에서 나온 뒤에 그랬다고 말해주었다. 그러니 아직 우리에게 행운이 있어 상가카야로 삼을 만한 많은 것들을 찾을 수 있을 때 우리는 그렇게 해야 한다. 친구, 자녀들, 형제나 누이, 집, 뒤뜰의 나무들…. 이 모두가 우리 상가카야의 부분으로 될 수 있다.

우리가 불교를 믿고 명상을 수련하는 것은 맑은 정신으로 행복하게 이해하고 사랑하며 사는 것이다. 이렇게 우리는 가정과 사회의 행복과 평화를 위하여 일한다. 가까이 보면 세 가지 보물이 실제로는 하나다. 저마다 속에 다른 둘이 처음부터 있다. 부처 안에 부처의 정신이 있고 부처의 몸이 있다. 부처 안에 다르마 몸이 있는 까닭은 다르마 몸 없이는 부처가 될 수 없기 때문이다. 부처 안에 상가 몸이 있다. 그가 보리수와 다른 나무들, 새들, 주변 환경과 더불어 아침 식사를 했기 때문이다. 수련 센터 안에서 우리는 상가 몸인 상가카야를 가지고 있다. 우리가 이해와 자비의 길을 거기에서 닦기 때문이다. 그래서 다르마 몸이 현재하는 거다. 그 길, 그 가르침이 현재하는 거다. 하지만 우리 각자의 삶과 몸이 없으면 가르침은 실현될 수 없다. 그래서 붓다카야 또한 현재하는 것이다.

당신 없이는, 부처가 실재하지 않는다. 그냥 하나의 관념일 뿐이다. 당신 없이는, 다르마가 실현될 수 없다. 누군가에 의하여 그것은 실현되어야 한다. 당신 없이는 상가가 있을 수 없다. 우리가 "나는 부처님께 귀의한다."고 말할 때 "부처님이 내 안에 귀의하신다.", "내가 다르마에 귀의한다.", "다르마가 내 안에 귀의한다."는 말을 함께 듣는 이유가 여기에 있다.

3

느낌과 지각(知覺)

불교의 가르침에 따르면 인간 존재는 다섯 가지 집합체[五蘊]로 이루어진다. 다섯 가지 감각기관들과 신경계를 포함하여 우리 몸을 뜻하는 모양[色], 느낌[受], 지각[想], 의지 기억[行], 그리고 순수의식[識]이 그것들이다. 여기서는 느낌(feeling)과 지각(perception)에 관하여 말해보겠다.

날마다 우리는 많은 느낌들을 경험한다. 때로는 행복하고, 때로는 슬프고, 때로는 화가 나거나 짜증이 나거나 무섭다. 이런 온갖 느낌들이 우리의 머리와 가슴을 가득 채운다. 한 느낌이 잠시 들었다가 다른 느낌이 들고 또 다른 느낌이 든다. 마치 느낌들의 홍수가 우리를 회롱하는 것 같다. 명상 수련은 그 모든 느낌들에 깨어 있자는 것이다.

불교 심리학을 다루는 아비달마(Abhidharma) 계통의 저술들은 인간의 느낌에 세 가지 종류가 있다고 한다. 즐거운 느낌, 즐겁지 않은 느낌, 이도 저도 아닌 느낌이 그것이다. 날카로운 가시를 밟으면 즐겁지 않은 느낌이 든다. 누가 우리에게 "당신 참 멋있다."거나 "당신 참 아름답다."고 말하면 즐거운 느낌이 든다. 나는 아비달마 논서를 읽고 불교의 가르침대로 해보았지만, 이런 분석이 정확하지 않다는 것을 발견했다. 이른바 이도 저도 아닌 느낌이 매우 즐거운 느낌일 수 있다. 당신이 우아하게 앉아서 웃으며 숨쉬기 수련을 하면 아주 행복할 수 있다는 얘기다. 지금 당신이 그런 식으로 앉아서 몸과 마음의 평안을, 치통이 없는 것을, 온갖 꼴과 색깔을 눈으로 볼 수 있음에 대하여 깨어 있다. 놀라운 일 아닌가!

일하는 게 즐겁지 않은 사람들이 있다. 그들에게는 일 자체가 고통스럽다. 그런가 하면 일을 할 수 없도록 금지당한 사람들도 있다. 그들 역시 즐겁지 않다. 나는 여러 가지 일을 한다. 누가 만일 내가 책을 제본하고, 밭을 가꾸고, 시를 짓고, 걷기 명상을 하고, 아이들 가르치는 일을 하지 못하게 막는다면 나는 몹시 불행할 것이다. 나는 일이 즐겁다. 무엇이 즐겁고 즐겁지 않은 것은 각자 그것을 보는 방식에 달려 있다.

우리는 그냥 "보는 것"을 이도 저도 아닌 느낌이라고 생각한다. 하지만 시력을 잃은 사람이 어떻게 해서 볼 수 있게 된다면 그 사람에게는 무엇을 본다는 것 자체가 기적 같은 선물일 것이다. 우리는 멀쩡한 눈으로 온갖 모양과 색깔을 볼 수 있으면서 스스로 불행하다고 느낄 때가 자주 있다. 우리가 수련을 원한다면 밖으로 나가서 나뭇잎, 꽃, 아이들, 구름을 볼 수 있을 것이고 그러면 행복할 수 있다. 행복한지 행복하지 않은지는 알아차림에 달려 있다. 당신은 이가 아플 경우 치통만 없으면 행복하겠다고 생각할 것이다. 하지만 당신은 치통이 없는데도 별로 행복하지 않다. 깨어서 알아차림을 수련하면 갑자기 아주 많은 것을 지닌 부자가 되고 너무너무 행복한 사람이 될 것이다. 불교를 수련하는 것은 인생을 즐기는 현명한 방법이다. 부디 당신을 그렇게 도와주어라. 우리 모두에게는 이도 저도 아닌 느낌을 즐거운 느낌으로, 오래 지속될 아주 즐거운 느낌으로 바꿔놓는 능력이 있다. 우리가 앉기 명상과 걷기 명상으로 수련하는 것이 바로 그것이다. 당신이 행복하면 우리 모두가 그 혜택을 누릴 것이다. 사회가 그 혜택을 누리고 살아 있는 온갖 중생이 그 혜택을 누릴 것이다.

선원(禪院) 명상 홀 바깥에 나무판자가 있는데 거기 넉 줄짜리 글이 새겨져 있다. 맨 마지막 줄이 "인생을 낭비하지 마라."다. 우리 인생은 여러 날과 시간으로 이루어지는데 그 모든 시간이 소중하다. 우리는 그 소중한 시간을 낭비하지 않았는가?

우리는 지금 우리 인생을 낭비하고 있는가? 이는 대단히 중요한 질문이다. 불교를 수련하는 것은 순간순간에 살아 있는 것이다. 앉아 있거나 걸으면서 명상할 때 우리는 그것을 완벽하게 할 수 있는 방편이 있다. 하루의 나머지 시간에도 우리는 수련을 계속해야 한다. 어렵지만 불가능한 건 아니다. 걷기 명상과 앉기 명상이 걷지 않고 앉아 있지 않은 나머지 시간에도 확장되어야 한다. 이것이 명상의 기본 원리다.

※

지각(知覺)에는 현실에 대한 우리의 관념들이나 개념들이 포함된다. 연필 하나를 볼 때 당신은 그게 거기 있음을 지각한다. 그러나 연필 그 자체는 당신 마음속에 있는 연필과 다른 것이다. 당신이 나를 볼 때 내 안에 있는 나와 당신이 지각하는 나는 서로 다를 수 있다. 무엇을 바르게 지각하려면 그것을 직접 만날 수 있어야 한다.

밤하늘을 바라보면서 당신은 아름다운 별을 보고 미소 지을 것이다. 하지만 어떤 과학자가 당신에게 그것이 십만 년 전에 소멸된 별이라고 말해줄 수 있다. 그러므로 우리의 지각이란 정확한 것이 아니다. 황홀하게 지는 해를 보면서 우리는 우리를 위하여 해가 거기 있다고 지각하며 아주 행복해 한다. 하지만 그 해는 이미 팔 분 전에 넘어간 해다. 햇빛이 지구에 닿는 데 팔 분 걸리기 때문이다. 난감한 사실은 우리가 현재하는 해를 볼 수 없다는 거다. 우리가 볼 수 있는 것은 언제나 과거의 해다. 당신은 어스름 저녁에 길을 가다가 뱀을 보고 기겁을 한다. 하지만 손전등으로 비추어보니 뱀이 아니고 밧줄이다. 이것이 지각의 오류다. 우리는 하루하루 살면서 잘못된 지각을 수도 없이 되풀이한다. 내가 당신을 이해하지 못하면 당신에게 늘 화를 낼 것이다. 우리는 서로를 완전하게 이해할 수 없다. 이것이 인간이 겪어야 하는 온갖 고통의 중심 원인이다.

한 사람이 안개 짙은 아침에 배를 타고 물을 거슬러 올라가고 있다. 갑자기 저쪽에서 물을 따라 내려오는 배를 보고 그것을 피하려 한다. 금방이라도 배가 서로 부딪칠 것 같다. 그가 소리친다. "조심해! 조심하라고!" 그래도 배는 계속 떠내려온다. 이러다가는 배가 부딪쳐 부서질 것 같다. 그는 화가 나서 상대방에게 소리 지르며 자기 속마음 한쪽 구석을 드러낸다. 그런데 자세히 보니 다가오는 배에 아무도 없다. 배의 밧줄이 풀려 그냥 떠내려오고 있는 것이다. 부글거리던 분노가 금세 사라지며 그는 웃고 또 웃는다. 우리의 지각이란 확실한 게 아니다. 그것이 우리에게 안 좋은 느낌을 얼마든지 안겨줄 수 있다. 불교는 우리가 어떻게 하면 사물의 본성을 제대로 이해하기 위하여 그것을 깊게 볼 것인지, 그렇게 해서 괜한 고통과 안 좋은 느낌들에 사로잡히지 않을 것인지, 그 방법을 가르쳐준다.

*

그게 그렇다고 부처님이 가르치셨다. 그것이 그렇기 때문이다. 아시겠는가? 당신이 웃어서 내가 행복하고 내가 웃어서 당신이 행복하다. 그게 그렇고 그래서 이게 이런 거다. 이를 두고 함께-생기는 상호 의존이라고 말한다.

당신과 내가 친구 사이라고 하자. (실제로 나는 당신이 내 친구이기를 희망한다.) 나의 안녕, 나의 행복이 당신한테 달려 있고 당신의 안녕, 당신의 행복이 나한테 달려 있다. 나는 당신한테 책임이 있고 당신은 나한테 책임이 있다. 내 잘못으로 당신이 괴롭고 당신 잘못으로 내가 괴롭다. 그러기에 당신을 돌보기 위해서 나는 나 나신을 돌봐야 한다.

빨리어 경전에 서커스단에서 곡예를 부리는 아버지와 딸 이야기가 있다. 아버지가 이마에 긴 대나무 장대를 얹고 있으면 딸이 장대 위로 올라가는 거다. 그렇게 해서 사람들이 주는 돈으로 쌀과 카레를 산다. 하루는 아버지가 딸에게 말했다. "사랑하는 딸아, 우리는 서로를 돌봐야 한다. 너는 아버지를 돌보고 나는 너를 돌보고 그래야 우리가 안전할 수 있거든. 우리가 하는 곡예는 몹시 위험한 거야." 딸이 장대에서 떨어지면 먹고살 수 없기 때문이다. 만일 그녀가 떨어져서 다리가 부러지면 두 사람은 아무것도 먹지 못할 것이다. "딸아, 우리가 먹고살려면 서로를 돌봐야 한다."

딸은 슬기로웠다. 그녀가 말했다. "아버지, 우리는 이렇게 말해야 해요. '우리 각자 자기를 돌봐야 한다. 그래야 계속 먹고 살 수 있어.' 우리가 곡예를 부릴 때 아버지는 아버지만 돌보셔요. 아버지가 든든하여 방심하지 않는 것이 저를 도와주는 겁니다. 저는 장대를 기어오를 때 조심하고 조심해서 어떤 실수도 저지르면 안 되고요. 아버지, 그러니까 이렇게 말씀하셔야 하는 거예요. '너는 너를 돌보아라, 나는 나를 돌보겠다.' 그러면 우리가 계속 먹고살 수 있을 겁니다." 부처님은 딸이 옳다고 하셨다.

이렇게 우리는 친구 사이다. 우리의 행복이 서로에게 달려 있다. 이 가르침에 따르면 나는 나를 돌보고 당신은 당신을 돌봐야 한다. 그게 우리가 서로를 돕는 길이다. 내가 당신에게 "이래라저래라." 하면서 나 자신을 돌보지 않는다면 많은 잘못을 저지를 것이고 그건 피차에 아무 도움도 되지 않는다. 나는 내가 당신한테 책임이 있는 걸 알기 때문에 나 자신을 돌보고 당신도 그렇게 한다면, 그러면 모든 일이 잘될 것이다. 이것이 함께-생기는 상호의존의 원리에 바탕을 둔 지각에 대한 부처님의 가르침이다. 불교는 참 배우기 쉽다!

부처님한테는 우리가 지각의 대상을 이해하는 데 도움이 되는 특별한 방법이 있다. 무엇을 이해하려면 이해하고자 하는 그것과 하나로 되어야 한다고 그분은 말씀하셨다. 이는 누구나 할 수 있는 일이다. 십오 년쯤 전, 나는 베트남 전쟁 고아들을 위한 단체의 일을 도와준 적이 있었다. 단체에서 보낸 신청서 한 장씩에는 아이의 사진과 이름, 나이, 고아가 된 내력 등이 한쪽 구석에 적혀 있었다. 베트남어로 된 그것을 프랑스어, 영어, 네덜란드어, 독일어로 번역하여 아이가 밥 먹고 책도 사고 아저씨나 아주머니 또는 조부모의 보살핌을 받을 수 있도록 후원자를 찾는 것이 우리가 하는 일이었다. 그렇게 해서 보낸 돈을 단체가 아이 돌보는 가족들에게 나눠주곤 했다.

매일같이 나는 약 서른 통의 신청서를 프랑스어로 옮겼다. 내가 일하는 방식은 아이 사진을 들여다보는 것이었다. 신청서 내용은 읽지 않았다. 그냥 아이 사진을 보기만 했다. 보통 20~30초면 아이와 내가 하나로 되었다. 어떻게, 왜, 그럴 수 있었는지 모르겠다. 하지만 늘 그랬다. 그러면 나는 펜을 들고 신청서의 글을 번역해서 다른 종이에 옮겨 적었다. 뒤에 가서야 나는 신청서를 번역한 게 내가 아니었음을 알게 되었다. 그 일을 한 것은 하나로 된 아이와 나였다. 아이 얼굴을 들여다보면 느낌이 왔고 그러면 나는 아이가 되고 아이는 내가 되고 그리하여 우리가 함께 번역을 하는 것이다. 그것은 매우 자연스러운 일이었다. 당신도 그럴 수 있다. 그러기 위해 명상을 많이 할 필요도 없다. 그냥 아이를 보면서 당신을 당신 자신으로 있게 하면 당신은 아이 안에서 당신을 잃어버리고 아이는 당신 안에서 저를 잃어버린다. 이것은 부처님이 가르치신 지각의 방법을 보여주는 한 가지 예(例)다. 당신이 무엇을 이해하려면 그 무엇과 당신이 하나로 되어야 한다.

프랑스에는 **꽁프랑드르**(comprendre)라는 말이 있다. "이해하다, 알다, 납득하다."라는 뜻이다. 꽁은 "하나로 되다, 함께 하다."를 뜻하고 **프랑드르**는 "잡다, 움켜쥐다."를 뜻한다. 무엇을 이해하는 것은 그것을 잡아서 그것과 하나로 되는 것이다. 인도 사람들에게 한 가지 놀라운 예(例)가 있다. 소금 한 톨이 바다의 염도만큼 짠지를 알아보고 바다의 염도를 재어보려면 그것을 바다에 넣어서 바다와 하나로 되는지를 보는 것이다. 그때 완벽한 지각이 이루어진다.

요즘에는 양자물리학자들이 같은 방식으로 느끼기 시작했다. 원자들의 세계를 깊숙이 들여다볼 때 그들은 자기 마음을 그 안에서 본다. 하나의 전자는 무엇보다도 전자에 대한 당신의 개념이다. 당신이 연구하는 대상은 더 이상 당신 마음에서 떨어져 있는 게 아니다. 당신 마음이 바로 그 안에 있다. 현대 물리학자들은 **관찰자**라는 말이 더는 가치가 없다고 생각한다. 관찰자는 자기가 보는 것으로부터 떨어져 있기 때문이다. 그렇게 떨어져 있으면 양자과학으로 깊이 들어갈 수 없음을 그들은 발견했다. 그래서 그들은 **관여**(關與, participation) 라는 말을 제안한다. 당신은 관찰자가 될 수 없다. 당신은 관여자다. 내가 강연할 때마다 느끼는 게 바로 그것이다. 나는 청중이 밖에서 바라보며 듣기만 하는 것을 원치 않는다. 바른 지각이 자리를 잡게 하려면 말하는 사람과 듣는 사람이 하나로 되어야 한다. **불이**(不二, nondual)는 "둘 아님"을 의미하지만 그러나 "둘 아님"은 "하나 아님"을 의미하기도 한다. 그래서 "하나"라는 말 대신에 "불이"라는 말을 우리가 하는 것이다. 하나가 있으면 둘이 있기 때문이다. 당신이 둘을 피하고 싶으면 하나도 피해야 한다.

부처님 당대로부터 내려온 명상의 기본 매뉴얼 『대념처경 (Satipatthana Sutta)』에 이런 구절이 있다. "수련자는 마땅히 몸 안에서 몸을, 느낌 안에서 느낌을, 마음 안에서 마음을, 마음의 대상 안에서 마음의 대상을 깊이 보아야 할 것이다." 말은 분명한 말이다. "몸 안에서 몸을"이라는 말을 거듭하는 것은 중요한 대목에 밑줄 치는 것 정도가 아니다. 몸 안에서 몸을 깊이 본다는 것은 무엇을 보기 위하여 그것 바깥에 서지 않는다는 뜻이다. 그것과 하나로 되어서 보는 자와 보이는 것 사이에 구분이 없게 하는 것이다. 몸 안에서 몸을 깊이 본다는 것은 당신 몸을 당신이 보는 대상으로 여겨서는 안 된다는 뜻이다. 당신이 그것과 하나 되어야 한다. 메시지는 분명하다. **불이**야말로 불교 명상의 열쇠–말이다.

＊

앉는 것만으로는 충분치 않다. 동시에 당신은 있어야 한다. 무엇으로 있는가? 있는 것은 무엇으로 있는 거다. 당신은 아무것도 아닐 수 없다. 먹는 것은 무엇을 먹는 거다. 당신은 아무것도 아닌 것을 먹을 수 없다. 깨어 있는 것은 무엇에 깨어 있는 거다. 화를 내는 것은 무엇에 화를 내는 거다. 그러므로 있는 것은 무엇으로 있는 거다. 그리고 그 무엇은 끊임없이 이어진다. 당신 몸 안에서, 당신 마음 안에서, 당신 느낌 안에서, 그리고 이 세상 안에서.

앉아 있는 동안 당신은 앉고 그리고 있다. 무엇이 당신인가? 당신은 숨이다. 숨을 쉬는 사람일 뿐 아니라 숨이고 웃음이다. 수백만 채널이 있는 텔레비전과 같다. 숨에 채널을 돌리면 당신은 숨이다. 짜증에 채널을 돌리면 당신은 짜증이다. 당신과 그것은 하나다. 짜증과 숨이 당신 바깥에 있는 게 아니다. 당신은 그것들 안에서 그것들을 본다. 당신과 그것들이 하나기 때문이다. 내 속에서 분노가 느껴진다면 그것에 대한 명상을 어떻게 할 것인가? 한 불자로서, 지성인으로서, 어떻게 그것을 상대할 것인가? 나는 내 속의 분노를 그에 맞서 싸우고 수술해서 제거할 무엇으로 보지 않는다. 그 분노가 바로 나고 내가 분노인 것을 나는 안다. 불이(不二)다. 둘이 아니다. 나는 내 속의 분노를 사랑으로 부드러움으로 비폭력으로 돌봐야 한다. 분노가 바로 나이기 때문이다. 내 남동생을, 누이를 사랑으로 돌보듯이 내 분노를 돌봐야 하기 때문이다. 나 자신이 분노고, 내가 그 안에 있고, 내가 그것이기 때문이다. 불교의 가르침 안에서 우리는 분노, 증오, 탐욕을 맞서 싸우고 파괴하고 소멸시켜야 하는 적들로 보지 않는다. 우리가 분노를 소멸시키는 것은 우리 자신을 소멸시키는 것이다. 그런 방식으로 분노를 상대하는 것은 자기를 둘로 찢어서 하나는 부처님 편에 두고 다른 하나는 마라(Mara, 수행에 방해가 되는 귀신이나 사물. - 편집자) 편에 두어 자기 자신을 전쟁터로 만드는 것과 같다. 당신이 그런 방식으로 싸우는 것은 당신한테 폭력을 행사하는 것이다. 당신이 당신한테 자비를 베풀지 못한다면 남들에게도 자비를 베풀지 못할 것이다. 분노가 치밀어오를 때 우리는 이렇게 깨어 있어야 한다. "나는 분노다. 분노가 내 속에 있다. 내가 분노다." 이것이 첫 번째로 우리가 할 일이다.

사소한 짜증이 날 경우에도 그것이 거기 있음을 알아차리고 웃으면서 숨 몇 번 쉬고 나면 그것을 용서, 이해, 사랑 같은 긍정적인 무엇으로 충분히 바꿔놓을 수 있을 것이다. 짜증은 파괴적인 에너지다. 우리는 에너지를 소멸시킬 수 없다. 다만 그것을 좀 더 건설적인 에너지로 바꿀 수 있을 따름이다. 용서는 건설적인 에너지다. 이해도 건설적인 에너지다. 당신이 사막에 있다고 상상해보자. 지금 당신한테는 흙탕물 한 통이 있을 뿐이다. 당신은 그 흙탕물을 마실 수 있는 맑은 물로 바꿔놓아야 한다. 그것을 던져버릴 수는 없는 거다. 그러니 잠시 그것을 안정시켜라. 그러면 맑은 물이 나타날 것이다. 마찬가지로 우리는 분노를 좀 더 건설적인 에너지로 바꿔야 한다. 분노가 바로 당신이기 때문이다. 분노가 없으면 당신한테 남아 있는 게 없다. 바로 이것이 우리가 명상으로 하는 일이다.

처음에는 누이동생한테 화가 났다가 동생이 아픈 것을 알고는 그를 이해하고 그에게 관심을 기울여 도와주려고 한 오빠 얘기를 앞에서 했다. 그렇게 분노라는 파괴적 에너지도 이해를 통해서 사랑의 에너지로 바뀌는 거다. 분노에 대한 명상은 무엇보다 먼저 "내가 분노다."라는 사실에 깨어 있는 것이고 그다음 분노의 속을 깊이 들여다보는 것이다. 분노는 무지(無知)에서 태어나고, 무지의 강력한 동맹군이다.

*

지각은 우리의 몸, 느낌, 본성 그리고 사회가 하는 것이다. 참나무가
지닌 부처의 성품[佛性]을, 그것이 다르마 교사[法師]로 기능하는 것
을 보려면 참나무를 잘 지각해야 한다. 정치적·경제적 체제가 어떻
게 잘못되었는지를 정확히 알려면 그것들을 제대로 지각해야 한다.
그 지각은 감정과 무지로부터, 착각으로부터, 자유로워야 한다.

불교에서는 무엇을 안다는 것이, 물을 흐르지 못하게 하는 얼음
덩이처럼, 이해에 장애가 된다고 생각한다. 우리가 어떤 것이 진실인
줄 알고 그것에 집착하면 막상 진실이 사람으로 와서 문을 두드려도
열어주지 않는다는 얘기다. 사물들이 저를 드러내어 보여주게 하려
면 그것들에 대한 우리의 견해를 버릴 준비가 되어 있어야 한다.

이에 관하여 부처님이 들려주신 이야기가 있다. 젊은 홀아비가
다섯 살 된 아들을 몹시 사랑했는데 사업차 집을 떠난 사이에 강도떼
가 마을을 불태우고 그의 아들을 데려갔다. 그가 돌아와서 쑥대밭이
된 마을을 보고는 망연자실, 한 아이의 시체를 자기 아들로 알고서
머리를 쥐어뜯고 가슴을 치며 울부짖었다. 그는 장례를 치르고 나서
흩어진 재를 아름다운 벨벳 가방에 담아 일할 때나 잠잘 때나 밥 먹
을 때나 항상 지니고 다녔다.

어느 날 그의 진짜 아들이 강도 소굴에서 도망하여 마을로 돌아왔다. 그가 한밤중에 아버지 오두막에 이르러 문을 두드렸다. 당신이 생각한 대로, 그때도 아버지는 재가 든 가방을 안고서 울고 있다가 문 두드리는 소리에 "누구요?"하고 물었다. 아들이 대답했다. "아빠, 나예요. 문 열어요. 아버지 아들이라고요." 아버지는 웬 장난꾸러기가 자기를 놀리는 줄 알고서 당장 꺼져라 소리치고 계속해서 울었다. 아이가 문을 두드리고 또 두드렸지만 끝내 문은 열리지 않았다. 얼마쯤 시간이 흐르고 아이는 결국 그곳을 떠났다. 그 뒤로 아이와 아버지는 두 번 다시 만나지 못했다. 이야기를 마친 부처님이 말씀하셨다. "언제든지 어디서든지 그대는 무엇이 진실인 줄로 안다. 하지만 자기가 알고 있는 것에 너무 집착하면 막상 진실이 사람으로 와서 문을 두드려도 열어주지 않을 것이다."

자기가 아는 바를 옹호하는 것은 이해의 좋은 방법이 아니다. 이해는 당신이 아는 바를 내려놓는 것이다. 사람들이 사다리를 올라가는 것처럼 당신이 알고 있는 바를 넘어설 수 있어야 한다. 사다리 다섯 번째 칸에 있으면서 자기가 상당히 높이 올라왔다고 생각한다면 여섯 번째 칸으로 올라갈 희망은 없는 것이다. 테크닉은 놓아버리는 거다. 무엇을 이해하는 불교의 방식은 언제나 그것에 대한 자기의 견해와 지식을 놓아버리고 넘어서는 것이다. 이것이 가장 중요한 가르침이다. 이것이 내가 이해에 대하여 말하면서 물의 이미지를 사용하는 까닭이다. 지식은 단단하다. 그것이 이해를 가로막는다. 물은 흘러야 하고 스며들어야 한다.

4

수련의 중심

명상은 사회 밖으로 나가거나 사회로부터 도망치는 게 아니고 사회로 다시 들어가기 위하여 준비하는 것이다. 우리는 이것을 "참여불교(Engaged Buddhism)"라고 부른다. 명상 센터로 갈 때 모든 것 – 가정, 사회 그리고 그것들이 연관된 온갖 복잡한 것들 – 을 등지고 명상을 수련하고 평화를 찾기 위해서 한 개인으로 그곳에 간다고 생각할 수 있다. 이는 처음부터 착각이다. 불교에는 개인이라는 물건이 없기 때문이다.

종이 한 장이 종이-아닌 성분들로 구성되듯이 개인은 개인-아닌 성분들로 이루어진다. 당신이 시인이면 이 종이 한 장에서 떠다니는 구름이 선명하게 보일 것이다. 구름이 없으면 물이 없을 것이고 물이 없으면 나무가 자랄 수 없고 나무가 없으면 종이를 만들 수 없다. 그러므로 여기 이 종이 안에 구름이 있는 거다. 이 종이의 존재가 구름의 존재에 달려 있다. 종이와 구름이 그렇게 가깝다. 다른 것, 햇빛 같은 것을 생각해보자. 햇빛은 매우 중요하다. 햇빛이 없으면 나무가 자랄 수 없고 햇빛이 없으면 우리 사람들도 살 수 없기 때문이다. 벌목꾼은 나무를 자르기 위해서 햇빛이 필요하다. 그리고 보살의 눈으로, 깨친 사람 눈으로, 좀 더 깊이 들여다보면 이 종이 한 장에 구름과 햇빛뿐만 아니라, 벌목꾼이 먹는 빵으로 된 밀이나 벌목꾼 아버지 같은, 모든 것이 들어 있는 게 보일 것이다.

『화엄경』에서는 종이 한 장과 관계없는 물건을 하나도 찾을 수 없다고 우리에게 말해준다. 그래서 우리는 말한다. "종이 한 장이 종이-아닌 성분들로 이루어진다." 구름은 종이-아닌 성분이다. 나무도 종이-아닌 성분이다. 햇빛도 종이-아닌 성분이다. 종이 한 장이 종이-아닌 성분들로 이루어졌기에 우리가 만일 종이-아닌 성분들을 그것들의 근원으로, 구름은 하늘로, 햇빛은 해로, 벌목꾼은 그의 아버지로 돌려보내면 그러면 종이는 비어 있게 된다. 무엇이 비어 있는가? 동떨어진 자아의 비어 있음이다. 그것은 자아-아닌 온갖 성분들로, 종이-아닌 성분들로, 이루어져 있다. 그 모든 종이-아닌 성분들을 제거하면 그게 바로 진정한 종이의 비어 있음, 자아라는 것의 비어 있음이다. 이런 뜻에서 종이의 비어 있음은 그것이 모든 것으로, 전체 우주로, 가득차 있음을 의미한다. 얇은 종이 한 장의 현존이 전

체 우주의 현존을 입증한다는 얘기다

마찬가지로, 개인은 개인-아닌 성분들로 이루어진다. 어떻게 명상 센터로 들어가면서 모든 것을 등진다고 생각할 수 있단 말인가? 당신이 가슴으로 겪고 있는 온갖 고통, 그것은 바로 당신이 살고 있는 사회다. 당신은 그것을, 사회를, 당신 몸에 지니고 있다. 당신이 명상하는 것은 당신만을 위해서가 아니라 전체 사회를 위해서다. 당신만을 위해서가 아니라 우리 모두를 위해서 당신의 문제를 풀려고 하는 거다.

보통 나뭇잎들은 나무의 자식들로 생각된다. 맞다. 그것들은 나무에서 태어난 나무의 자식들이다. 하지만 나무의 어머니이기도 하다. 나뭇잎들은 날것으로서의 수액, 물, 미네랄을 햇빛과 가스로 합성하여 나무의 자양분인 다채로운 수액으로 변환시킨다. 그렇게 해서 나뭇잎들이 나무의 어머니로 되는 것이다. 우리 모두 사회의 자식들이지만 사회의 어머니이기도 하다. 우리가 사회에서 뿌리 뽑히면 우리와 우리 자손들을 위하여 사회를 더 살 만한 곳으로 바꿔놓을 방법이 없다. 나뭇잎들은 줄기로 나무와 연결된다. 이 줄기가 매우 중요하다.

나는 여러 해 동안 공동체에서 정원을 가꾸며 살고 있다. 가끔 나무를 옮겨 심는 작업이 어렵다는 걸 나는 안다. 어떤 식물은 쉽게 이식되지 않는다. 그래서 흙에 뿌리가 잘 내리도록 식물성 호르몬을 사용하기도 한다. 사회에서 뿌리 뽑힌 사람들이 다시 사회에 뿌리를 내릴 수 있게 도와주는 무슨 분말 같은 것을 명상에서 얻을 수 있을지 모르겠다. 명상은 사회에서 도망치는 게 아니다. 나뭇잎이 나무를 먹여 살리듯, 사회로 다시 들어갈 힘을 자기 자신한테 부여하는 것이다.

*

어떤 명상 센터에서 문제가 생겼다. 몇 명의 젊은이들이 사회에서 병이 들었고 그래서 명상 센터로 오기 위해 그곳을 떠났다. 그들은 자기네가 개인으로 명상 센터에 온 것이 아니라는 사실을 몰랐다. 명상 센터에 온 그들이 다른 종류의 사회를 만들었다. 그 사회에서도 다른 사회와 마찬가지로 문제가 생겼다. 명상 센터로 오기 전에 그들은 명상하면 평화를 누릴 수 있으리라고 희망했다. 음, 수련을 하고 다른 종류의 사회도 만들면서 그들은 자기네 작은 사회가 더 큰 사회보다 오히려 지내기 어렵다는 사실을 발견하게 되었다. 그 사회는 저마다 소외된 사람들의 집합이었다. 몇 년 뒤 그들은 명상 센터로 오기 전보다 심하게 절망하였다. 이 모두가 명상을, 명상의 목적을, 오해한

데 그 원인이 있다. 명상은 명상하는 사람들뿐만 아니라 모든 사람을 위해서 하는 것이다.

자녀들을 명상 센터로 데려오는 것은 지극히 자연스러운 일이다. 플럼빌리지(Plume Village. 자두마을이라고 번역하기도 한다. 1982년 틱낫한 스님이 프랑스 남부 보르도에 세운 명상공동체다. ─ 편집자)에서는 아이들이 어른들과 함께 수련한다. 이따금 우리와 함께 수련하려는 이들이 자녀들을 데려올 경우가 있다. 우리는 아이들을 환영하고 특별히 돌봐준다. 아이들이 행복하면 어른들이 행복하다. 하루는 아이들이 하는 말을 지나다가 들었다. "우리 엄마 아빠가 왜 여기서는 저렇게 멋쟁이지?" 나에게 한 친구가 있는데 14년이나 명상 수련을 하면서 자기 딸에게는 한 번도 명상하는 법을 일러주지 않았다. 당신은 명상을 혼자 할 수 없다. 자녀들과 함께해야 한다. 당신 아이들이 행복하지 않으면, 그래서 좀처럼 웃지 않으면 당신도 웃을 수 없다. 당신이 평화로이 발걸음을 옮기는 것은 물론 당신을 위한 것이지만, 당신 자녀들과 이 세상을 위한 것이기도 하다.

*

나는 우리 사회가 살기 힘든 곳이라고 생각한다. 조심하지 않으면 뿌리가 뽑힐 수 있고 일단 뿌리가 뽑히면 이 사회를 좀 더 살기 좋은 곳으로 만드는 데 도움을 줄 방법이 없다. 명상은 우리가 사회에 머무는 것을 도와주는 하나의 방편이다. 이는 매우 중요한 사실이다. 우리는 사회에서 소외당하여 다시 사회로 들어가지 못하는 사람들을 본다. 조심하지 않으면 우리도 그렇게 될 수 있다는 사실을 우리는 안다.

나는 미국의 불교 수행자들이 젊고 지적이며 신앙의 문 아닌 심리학의 문으로 불교에 입문한다는 것을 알게 되었다. 나는 서양인들이 심리적으로 많은 어려움을 겪고 있으며, 그래서 그 심리적 문제를 해결코자 불교 신자들이 되어 명상을 수련한다는 것도 안다. 많은 사람들이 여전히 사회에 몸담고 있지만 그들 가운데는 사회에서 뿌리 뽑힌 이들도 있다. 나도 살다보면 이 사회와 사이좋게 살기가 힘들다는 느낌이 들 때가 있다. 여러 가지 일들이 그만 발을 뽑고 나 자신한테로 돌아가고 싶다는 생각을 하게 만든다. 하지만 내 수련이 나를 도와서 계속 사회에 머물 수 있게 해준다. 내가 사회를 떠나면 그것을 바꾸는 일에 아무 도움도 줄 수 없으리라는 것을 알기 때문이다. 나는 불교를 수련하는 사람들이 땅에 발을 딛고 이 사회에 계속 머무는 일에 성공하기를 희망한다. 그것이 평화에 대한 우리의 희망이다.

*

나는 스물일곱인가 여덟 살 때 너무나 많은 고통으로 사회에서 뿌리
가 뽑혀 명상 센터로 온 형제를 위해 시를 한 편 지었다. 불교 사원이
자비의 장소인지라 그를 환영해주었다. 누군가 너무 많은 고통을 당
해 명상 센터를 찾으면 첫 번째로 하는 일은 그를 위로해주는 것이
다. 절 사람들 모두가 자비심으로 그를 받아주었고 마음껏 울 수 있
는 처소를 마련해주었다. 그는 얼마나 오래, 얼마나 많은 날들을, 얼
마나 많은 해들을 울어야만 했을까? 아무도 모른다. 그러나 결국 그
는 명상 센터를 찾아왔고 사회로 돌아가기를 원치 않았다. 사회생활
의 어려움을 충분히 겪었던 것이다. 마침내 그는 웬만큼 평화를 누리
게 되었다고 스스로 생각했다. 하지만 어느 날 내가 그의 아주 작은
움막에 불과한 마지막 쉼터에 불을 질렀다! 그에게는 작은 움막이 가
지고 있는 전부였다. 이제 그는 갈 곳이 없어졌다. 사회라는 것이 그
에게는 없었기 때문이다. 그는 자기 자신의 해방을 찾아서 이리로 왔
다고 생각했다. 그러나 불교의 빛으로 보면 한 개인의 자아란 없는
물건이다. 우리 모두 알거니와, 불교의 수련 센터를 찾는 사람은 그의
허물, 그가 사회에서 받은 상처를 모두 안고 온다. 전체 사회를 데리
고 오는 것이다. 이 시에서는 내가 젊은이고 그의 마지막 움집을 불

사른 사람이다.

그 모두를 원한다고, 나는 말하리라

네가 나에게 얼마나 원하느냐고 묻는다면,
그 모두를 원한다고 나는 말하리라.
오늘 아침, 너와 나 그리고 모든 사람이
하나임의 놀라운 강물로 흘러든다.

상상의 작은 조각들인 우리,
자기를 찾아서,
자기 해방이라는 미망을 좇아서,
머나먼 길을 걸어왔다.

오늘 아침, 내 형제가 먼 모험에서 돌아온다.
제단 앞에 무릎 꿇은 그의 눈에는
눈물이 그렁그렁.
그 영혼이 닻을 내릴 기슭을 찾는다.
(나도 한때 그것을 갈망했지.)

그로 하여금 거기 무릎 꿇고 흐느끼게 하라.

가슴 쥐어뜯으며 울부짖게 하라.

모든 눈물이 마를 때까지,

수천 년 세월 거기 피신케 하라.

어느 날 밤, 내가 가서 그의 쉼터,

언덕 위의 작은 움막에 불을 지를 터인즉,

그 불이 모든 것을 무너뜨리고

파선된 뒤에 남은 유일한 나무 조각마저 치워버리리라.

그 영혼의 극심한 고뇌 속에서 껍질이 벗겨지면,

타오르는 움막의 불빛이

영광스러운 그의 석방을 증언할 것이다.

내가 불타는 움막 곁에서 그를 기다리는 동안,

눈물이 불을 타고 흘러내리겠지.

거기서 그의 새로운 존재를 관조하리라.

내 손으로 그 손을 잡고 얼마나 원하느냐 물으면

그도 웃으며 모두를 원한다고 말하겠지, 내가 한때 그랬듯이.

명상 센터가 나에게는 자기 자신으로 돌아가서 현실을 더욱 명료하게 이해하고 이해와 사랑의 힘을 키우고 사회 속으로 다시 들어갈 준비를 하는 곳이다. 그렇지 않다면 진정한 명상 센터가 아니다. 참된 이해를 발전시킬 때 우리는 사회로 다시 들어가 진정한 이바지를 할 수 있는 것이다.

*

우리의 삶 속에는 많은 구성 분자들이 있다. 우리가 앉기 명상을 할 때와 앉기 명상을 하지 않을 때, 그 두 때에는 서로 다른 점들이 많다. 앉아 있을 때는 전심으로 명상하고 앉아 있지 않을 때는 전심으로 명상하지 않는다. 사실은 수련하지-않기를 열심히 수련하는 거다. 수련하기와 수련하지-않기, 이 둘을 갈라놓는 장벽이 있다. 수련하기는 수련하는 동안에만 존재하고 수련하지-않기는 수련하지 않는 동안에만 존재한다. 어떻게 하면 우리가 이 둘을 섞어놓을 수 있을까? 어떻게 하면 명상 홀 밖으로 나와 부엌이나 사무실에서도 명상할 수 있을까? 어떻게 하면 앉아 있지 않을 때도 앉아 있기의 효력을 볼 수 있을까? 의사가 당신 팔에 주사하면 당신 팔뿐 아니라 온몸이 그 혜택을 입는 거다. 하루에 한 시간 앉기 명상을 하면 그것이 한 시간뿐 아니라 하루 스물네 시간을 위한 것이어야 한다. 한 번의 숨, 한 번의 웃음이 그 한순간뿐 아니라 온종일 효과가 있어야 한다. 우리는 마땅히 수련할 때와 하지 않을 때 사이를 가로막는 장벽을 무너뜨려야 한다.

명상 홀에서 걸을 때 우리는 조심스럽게 천천히 걷는다. 하지만 비행기 타려고 공항에 가면 생판 다른 사람이 된다. 거의 마음을 챙기지 않고 전혀 다르게 걷는다. 어떻게 하면 우리가 공항이나 장터에서도 수련할 수 있을까? 이것이 바로 참여불교다. 참여불교는 사회정치적 문제를 해결하기 위해서, 폭력에 저항하기 위해서, 사회적 불의에 항거하기 위해서 불교의 가르침을 활용하는 것만이 아니다. 무엇보다도 불교의 가르침을 우리의 일상생활 속으로 끌어들여야 한다. 내 친구 하나는 전화벨이 울릴 때마다 잠시 멈추어 숨 몇 번 쉬고 그래서 많은 도움을 받는다고 한다. 사무실에서, 덴버 시내 빌딩 사이를 걸으면서, 걷기 명상을 하는 친구도 있다. 지나가는 사람들이 그에게 웃어주고 그가 만나는 사람들은, 비록 어려운 일을 겪는 사람이라도, 덕분에 즐거워하면서 큰 성공을 거둔다.

우리는 수련을 명상 홀에서 일상생활로 가져올 수 있어야 한다. 어떻게 하면 우리의 느낌, 지각들을 매일의 생활 속에 침투시킬 것인가? 우리는 앉기 명상을 할 때만 느낌과 지각들을 상대하는 게 아니다. 모든 때에 그것들을 상대해야 한다. 어떻게 하면 그럴 수 있겠는지 함께 토론할 필요가 있다. 당신은 전화벨이 울릴 때 숨쉬기 명상을 하는가? 당근을 뽑으면서 웃기 명상을 하는가? 힘들게 일하고 나서 휴식 명상을 하는가? 이런 질문들은 매우 실용적인 것들이다. 당신이 저녁 먹을 때, 여가 시간에, 잠잘 때 불교의 가르침을 적용할 줄 안다면 나는 당신의 일생생활과 불교가 결합되었다고 본다. 그러면 그것이 일반사회에도 큰 영향을 미칠 것이다. 부처, 다르마, 상가, 세 가지 보물이 멀리 있는 무엇을 서술하는 개념이 아니라 매일 매시간 당신 일상생활의 문제로 바뀐 것이다.

*

우리 마음은 많은 생각들과 느낌들이 따라서 흐르는 강과 같다. 시간마다 무엇이 이루어지고 있는지를 일깨워주는 짧은 구절, **가타**(gatha. 운문 또는 게송)를 읊으면 도움이 된다. 한 가타에 집중할 때 그 순간은 그 가타가 우리 마음이다. 한 가타가 우리 마음을 이분의 일 초 또는 일 초 아니면 일 분쯤 가득 채우고 나면 다른 가타와 함께 좀 더 하류로 내려갈 수 있을 것이다. 말없이 음식을 먹으며 한 가타를 자신에게 읊어주고 다시 먹는다. 접시가 비워지면 다른 가타를 읊고 차 한 잔 마신다. 한 시간 앉기 명상을 했으면 다섯 시간 앉아 있지 않고 이어서 세 시간 다시 앉아서 전심으로 수련한다. 수련하는 시간과 수련하지 않는 시간, 수련하는 마음과 수련하지 않는 마음, 이 둘의 관계는 어떤 것인가? 앉아 있기는 하나의 가타, 침묵의 오랜 가타와 같다. (완전 침묵이 아닐 수도 있다.) 나의 주된 관심사는 가타가 가타-없는 마음에 미치는 영향이다.

오토바이 탄 사람에게는 시간마다 길을 가리키는 표지판이 있어야 한다. 표지판과 길은 하나다. 표지판이 나타날 때만 그것을 쓰는 게 아니라, 다음 표지판이 나타날 때까지, 계속해서 써야 하기 때문이다. 표지판과 길은 서로 다른 무엇이 아니다. 가타와 앉아 있기를 수련하는 동안 우리가 계속해서 해야 하는 일이 바로 이것이다. 가타가 하는 일은 우리 자신한테로 돌아오도록 돕는 것이고, 가타가 끝나면 우리는 곧장 흘러간다. 가타와 우리의 나머지 삶이 연결되지 않으면 그러면 프랑스인들이 **끌로아송 에땅쉬**(cloisons étanches)라고 말하는 현상이 우리 안에 있을 것이다. 그 말은 두 구성 분자 사이에 아무 연결고리가 없는 절대 분할을 의미한다. 어디에도 스며들 수 없다. 가타와 가타-없는 마음 상태가, 앉아 있기와 앉아 있지 않기처럼, 완벽하게 나누어진 것이다.

어떻게 하면 가타가 가타-없는 순간들에 영향을 미칠 수 있을까? 어떻게 앉아 있기가 앉아 있지 않는 시간 속으로 스며들 것인가? 우리는 한 가타가, 일 분의 앉아 있기가, 하루의 나머지 시간에 영향을 미치고 걷기 명상에서 떼어놓는 한 걸음이 하루의 나머지 시간에 영향을 미치도록 그 방법을 배워서 익혀야 한다. 모든 행동, 모든 생각이 영향을 미친다. 내가 치는 손뼉조차도 모든 곳에, 머나먼 은하수까지, 영향을 미친다. 모든 앉아 있기, 모든 걷기, 모든 웃음이 당신의 하루 생활과 다른 사람들의 삶에 영향을 미친다. 여기에 바탕을 두고 수련이 이루어져야 하는 것이다.

✳

앉기 명상과 걷기 명상을 할 때 우리는 앉기와 걷기의 양(量)이 아니라 질(質)에 집중해야 한다. 머리를 써서 수련해야 한다. 자신의 상황에 맞는 수련법을 창안할 필요가 있다.

　내가 좋아하는 이야기가 있다. 아미타 부처님 이름을 부르는 여자 얘기다. 그녀는 성품이 거칠었고 그래서 하루에 세 번 나무로 만든 북과 종을 울리며 한 시간씩 "아미타불"을 음송한다. 그렇게 천 번을 하고 나면 종을 울린다. (베트남에서는 종을 "친다."거나 "때린다."고 말하지 않는다.) 그렇게 십 년을 계속했지만 그녀의 성격은 달라지지 않았다.

여전히 성품이 거칠고 툭하면 사람들에게 소리를 질러댔다.

한 남자가 그녀에게 교훈을 주고 싶었다. 그래서 어느 날 정오를 지나 그녀가 향을 피우고 종을 울리며 "나무아미타불"을 음송하기 시작했을 때 문을 두드리고 그녀를 불렀다. "은구엔 아주머니, 은구엔 아주머니!" 마침 수련하는 시간이라 그녀는 짜증이 났지만 남자는 문간에 서서 계속 그녀를 불러댔다. 그녀가 자신한테 말해주었다. "난 지금 분노와 싸우는 중이다. 그러니 못 들은 것으로 치자." 그러고는 "나무아미타불, 나무아미타불"을 되뇌었다. 남자는 계속 그녀 이름을 불렀고 그녀는 속에서 화가 점점 치밀어 올랐다. 그래도 부글거리는 분노를 상대로 싸우며 속으로 생각했다. "염불이고 뭐고 집어치우고 저 작자에게 한바탕 화풀이를 할까?" 하지만 그녀는 염불을 계속하며 자신의 분노와 힘겹게 싸워나갔다. 머리끝까지 분노의 불길이 치솟았지만 그녀는 "나무아미타불"을 멈추지 않았다. 남자가 그것을 알면서도 계속 그녀 이름을 불러댔다. "은구엔 아주머니, 은구엔 아주머니!"

마침내 그녀는 더 이상 참을 수 없게 되었다. 종과 북을 던져버리고 나서 문을 박차고 나가며 소리 질렀다. "왜? 왜 이러는 거야? 왜 그렇게 남의 이름을 수백 번이나 부르고 야단이냐고?" 남자가 웃으며 그녀에게 말했다. "난 댁의 이름을 고작 열 번 불렀는데 이렇게 화

를 내는군요. 그런데 댁은 부처님 이름을 십 년이나 계속 불렀지요. 그러니 시방 그분이 얼마나 화가 나겠는지 한번 생각해보시오!"

　문제는 수련을 얼마나 많이 하느냐에 있지 않고, 제대로 하느냐에 있다. 수련을 제대로 하면 더욱 친절하고 우아하고 더욱 이해하고 사랑하는 사람으로 바뀌게 되어 있다. 앉기 명상이든 걷기 명상이든 우리는 그 양이 아니라 질에 관심을 두어야 한다. 무턱대고 많이만 하려고 한다면 은구엔 아주머니와 다를 바가 없다. 내 생각에는 그 일을 겪고 나서 그녀가 많이 좋아졌을 것 같다.

5

평화를 위해 일하기

베트남 전쟁이 끝나자 많은 사람이
플럼빌리지의 우리에게 글을 써 보냈다. 우리는 싱가포르, 말레이시
아, 인도네시아, 태국 그리고 필리핀의 난민수용소에서 온 편지를 매
주 수백 통씩 받았다. 그것들을 읽는 것은 매우 가슴 아픈 일이었다.
그래도 우리는 그 일을 해야 했다. 나름대로 최선을 다했지만 고통이
너무 컸고 때로는 좌절하기도 했다. 베트남을 떠난 보트피플의 절반
이 바다에서 죽고 나머지 절반 정도가 목적지에 닿았다고들 했다.

수많은 젊은 여인들이 해적들한테 겁탈당했다. 태국 정부가 해
적질을 막을 수 있도록 도와주려고 유엔과 여러 나라들이 노력했지
만 해적들은 계속해서 난민들에게 큰 고통을 안겨주었다. 어느 날 우
리는 한 소녀가 태국 해적들에게 겁탈당했다는 내용의 편지 한 통을
받았다. 그녀는 겨우 열두 살이었고 바다에 몸을 던져 스스로 목숨을

끊었다.

　당신이 이런 소식을 들으면 그 해적한테 화가 날 것이다. 자연스럽게 소녀의 편이 된다. 하지만 좀 더 깊이 들여다보면 달리 보일 것이다. 당신이 소녀의 편에 서면, 그러면 간단하다. 총을 들어 해적을 쏘는 거다. 그러나 우리는 그럴 수 없다. 나는 명상하다가 내가 만일 그 해적들 마을에서 같은 조건 아래 살았으면 나도 지금 해적이 되어 있을 것임을 알았다. 내 속에도 해적의 기질이 다분히 있다. 나는 나 자신을 그리 쉽게 정죄할 수 없다. 오늘도 수많은 아이들이 시암만 해변에서 태어나는데 그곳의 교육자, 사회사업가, 정치인 그리고 다른 많은 사람이 아무 일 하지 않고 가만 있으면 이십오 년쯤 뒤에 많은 아이들이 해적이 되어 있을 것임을 나는 명상 속에서 보았다.

　오랜 명상 끝에 시 한 편을 지었다. 거기에는 세 사람이 등장한다. 열두 살 소녀, 해적 그리고 나다. 우리는 서로 마주보며 상대방 안에 있는 자기를 볼 수 있는가? 그 시 제목은 "부디 나를 내 참 이름들로 불러다오"다. 나에게 이름들이 많기 때문이다. 당신이 그 이름들 가운데 하나를 부르면 나는 "예"라고 답하지 않을 수 없다.

부디 나를 내 참 이름들로 불러다오

내일 내가 떠나리라고, 그렇게 말하지 말아다오.
오늘도 나는 여전히 오고 있다.

깊게 보아라, 나는 이렇게 순간마다
봄 나뭇가지에서 돋는 새싹으로,
둥지에서 노래를 배우는
여린 날개의 작은 새로,
꽃의 심장에 들어 있는 쐐기벌레로,
돌 속에 감추어진 보석으로, 오고 있다.

울기 위하여, 웃기 위하여,
두려워하고 희망하기 위하여, 나는 온다.
내 심장의 맥박소리는
살아 있는 모든 것의 생명이요 죽음이다.

나는 강물 위에서 몸을 바꾸는
한 마리 날도래다.

그리고 그 날도래를 집어삼키려
물 위로 곤두박질하는 새다.

나는 깨끗한 연못에서
행복하게 헤엄치는 개구리다.
그리고 나는 소리도 없이
그 개구리를 삼키는 풀뱀이다.

나는 대나무 막대기처럼
뼈와 가죽만 남은 우간다 어린이다.
그리고 나는 우간다에
살생 무기를 팔아먹는 무기상(武器商)이다.

나는 작은 배로 조국을 떠나
피난길에 올랐다가 해적한테 겁탈당하고
푸른 바다에 몸을 던진
열두 살 소녀다.
그리고 나는 바로 그 해적이다.
볼 줄도 모르고 사랑할 줄도 모르는

굳어진 가슴의 해적이다.

나는 막강한 권력을 움켜잡은
공산당 정치국 요원이다.

그리고 나는 강제수용소에서
천천히 죽어가며, 인민을 위하여
'피의 대가'를 치르는 바로 그 사람이다.

내 기쁨은 봄날처럼 따뜻하여
대지를 꽃망울로 덮는다.
내 아픔은 눈물의 강이 되어
넓은 바다를 가득 채운다.

부디 나를 내 참 이름들로 불러다오.
그리하여, 내 울음소리와 웃음소리를 동시에 듣고
내 기쁨과 아픔이 하나임을 보게 해다오.

부디 나를 내 참 이름들로 불러다오.

그리하여, 자리에서 일어나

내 가슴의 문을,

자비의 문을,

활짝 열 수 있게 해다오.

＊

선(禪) 이야기에 이런 것이 있다. 한 사람이 말을 타고 급히 달려간다. 길가에 섰던 사람이 그에게 묻는다. "어딜 그렇게 급히 가는 거요?" 말 탄 사람이 답한다. "몰라요, 말한테 물어보시오!" 내 생각에는 이것이 바로 우리의 상황이다. 우리는 통제 안 되는 말들을 너무 많이 타고 있다. 예컨대, 멈추지 않는 무기 경쟁이 그 한 마리 말이다. 우리는 나름 최선을 다한다고 하지만 너무 많은 말들을 통제하지 못한다. 삶이 너무나도 바쁘다.

불교에서 가장 중요시하는 계율이 깨어 있으라는, 무엇이 어떻게 진행되고 있는지를 알아차리라는 것이다. 예를 들어, 당신은 빵 한 조각 먹으면서 농부들이 작물을 기르는데 독성 있는 농약을 너무 많이 친다는 사실에 깨어 있을 수 있다. 빵을 먹으면서 오늘의 환경 파괴에 대한 공동 책임을 의식하는 거다. 살코기 한 덩이나 술 한 병 생산하려면 엄청난 곡물을 소모해야 한다. 고기 한 조각 먹는 것보다 밥 한 그릇 먹는 것이 세계의 고통을 조금이라도 덜어주는 하나의 방편일 수 있다. 권위 있는 프랑스 경제학자가 내게 말해주었다, 서양 사람들이 먹고 마시는 고기와 술의 양을 절반만 줄여도 현금 세계의 기아 문제를 넉넉히 해결할 수 있다고. 고작 절반으로!

우리는 날마다 무엇인가를 한다. 그것이 평화를 위해 할 수 있고 해야 하는 우리의 일일 수 있다. 본인의 생활 방식에, 자기가 어떻게 물질을 소비하고 사물을 보는지에 깨어 있으면 우리가 살아가는 바로 지금 여기에서 어떻게 평화를 이룰 수 있는지 알게 될 것이다. 예컨대 일요일판 신문을 집어 들면서 그것이 삼사 파운드쯤 되는 무게로 두껍게 편집되어 있음을 알아차리는 거다. 그 정도의 종이를 인쇄하려면 숲 하나가 필요할지 모른다. 신문을 펼치면서 선명히 깨어 있으면 세상 돌아가는 것을 바꾸기 위하여 무엇인가를 할 수 있다.

*

내가 살던 절에서 처음으로 자전거를 탄 승려가 바로 나였다. 당시에는 자전거를 타면서 부르는 가타들이 없었다. 우리는 지성적으로 수련해야 한다. 수련을 업데이트해야 한다. 그래서 나는 최근에 당신이 자동차를 타기 전에 사용할 수 있는 가타 하나를 만들었다. 이것이 당신에게 도움이 되었으면 좋겠다.

> 차로 출발하기 전에,
> 나는 안다, 어디로 가는지.
> 차와 나는 하나.
> 차가 빠르면 나도 빠르다.

자동차가 필요 없을 때도 있지만 먼 길을 가려면 차를 탄다. "차로 출발하기 전에 나는 안다, 어디로 가는지." 이 가타를 읊으면 그것이 손전등처럼 되어 어디 다른 데로 갈 필요가 없음을 알 수 있다. 우리가 어디를 가든지 우리와 함께 우리가 있다. 우리는 우리 자신을 피할 수 없다. 엔진을 끄고 걷기 명상을 하는 것이 더 좋을 경우도 있다. 그러는 것이 더 즐거울 수 있는 거다.

지난 수십 년 사이에 산성비로 말미암아 수백만 평방마일의 숲이 망가졌는데 그 원인들 가운데 하나가 자동차라고 한다. "차로 출발하기 전에 나는 안다, 어디로 가는지." 이는 매우 중요한 문제다. "내가 어디로 갈 것인가? 나 자신의 파멸로?" 나무들이 죽으면 사람들도 죽는다. 나무와 짐승들이 살지 못한다면 우리가 어떻게 살 수 있겠는가?

"차와 나는 하나." 우리는 내가 주인이고 차는 도구에 지나지 않는다고 생각한다. 그건 진실이 아니다. 차와 함께 있으면 우리는 다른 무엇으로 된다. 총과 함께 있으면 위험한 존재로 된다. 피리와 함께 있으면 즐거워진다. 5만 개도 넘는 핵폭탄과 함께 있으면 인간은 지구별에서 가장 위험한 종(種)이 된다. 우리가 지금처럼 위험했던 때가 없었다. 우리는 이 사실에 깨어 있어야 한다. 무엇보다도 기본적인 계율은 순간마다 자기가 누군지, 자기가 지금 무엇을 하고 있는지에 깨어 있으라는 거다. 다른 모든 계율은 그 뒤를 잇는 것들이다.

*

사물들을 제대로 알기 위해서 우리는 그것들을 깊이 들여다보아야 한다. 수영하는 사람이 맑은 강물을 즐기려면 강으로 될 수 있어야 한다. 하루는 동료들과 보스턴 대학에서 점심을 먹다가 찰스 강을 내려다보았다. 고향을 떠난 지 오래 되었고 그래서 그 강이 너무나 아름다워 보였다. 동료들을 두고 강으로 내려가 고향에서 늘 그러듯이 물에 얼굴을 씻고 발을 담갔다. 내가 돌아오자 한 교수가 물었다. "방금 아주 위험한 짓을 했소. 강물로 입을 헹구었나요?" 그렇다고 하자 그가 말했다. "당장 의사한테 가서 주사 한 대 맞으시오."

　나로서는 충격이었다. 그곳 강물이 그 정도로 오염되었는지 몰랐다. 우리는 그것을 죽은 강이라고 부를 수 있을 것이다. 우리 고향에서도 강에 흙탕물이 흐를 때가 있지만 그건 종류가 다른 오염이다. 어떤 사람이 독일의 라인강에는 화학성분들이 너무 많아서 강물을 사진을 인화하는 약품으로 쓸 수 있을 정도라고 내게 말해주었다. 우리는 수영 잘하는 사람일 수 있다. 하지만 스스로 강물이 되어 그것의 두려움과 희망을 경험할 수 있는가? 그럴 수 없다면 우리에게는 평화를 누릴 기회가 없는 것이다. 모든 강이 죽으면 강에서 헤엄치는 즐거움도 더 이상 없을 것이다.

　당신이 등산가 또는 시골과 푸른 숲을 즐기는 사람이면 숲이 우리 몸 밖에 있는 폐라는 사실을 알 것이다. 그런데도 우리는 산성비로 수백만 평방마일의 숲을 망가뜨리고 있다. 자기의 작은 자아에 갇혀서 그것을 위해 안락한 장소를 만들겠다는 생각으로 자신의 더 큰 자아를 파괴하고 있는 거다. 어느 날 갑자기 나는 해가 내 심장인 것을, 내 몸 밖에 있는 내 심장인 것을 깨쳤다. 내 몸의 심장이 기능을 멈추면 나는 살아남지 못한다. 하지만 나의 다른 심장인 해가 기능을 멈추어도 나는 바로 죽을 것이다. 그래서 우리가 강으로 되고, 우리가 숲으로 되고, 우리가 시골로 되어야 한다는 얘기다. 우리의 미래를 이해하고 그것에 희망을 걸려면 반드시 이 일을 해야 한다. 이것이 불이(不二)적으로 보는 방식이다.

＊

베트남에서 전쟁이 벌어지고 있을 때 우리 젊은 불자들이 전쟁의 희생자들을 돕고자 폭격으로 무너진 마을을 복구하기 위한 조직을 만들었다. 우리 가운데 많은 이들이 그렇게 봉사하다가, 폭탄과 총알에 맞아서 뿐만 아니라 우리를 적군으로 본 사람들에 의해서 죽어갔다. 우리는 공산주의와 반공주의 양쪽 사람들의 고통을 이해할 수 있었다. 그들 모두에게 우리를 열어놓고 이쪽과 저쪽을 함께 이해하며 그들 모두와 하나 되려고 노력했다. 이것이 온 세계가 둘로 갈라졌는데도 우리가 어느 한쪽을 편들지 않은 까닭이었다. 우리는 상황에 대한 우리 생각을, 우리는 다만 싸움이 끝나기를 바랄 뿐임을, 사람들에게 말하려고 노력했다. 그러나 폭탄의 소리가 너무 컸다. 때로는 우리 메시지를 세상에 알리려고 몸을 불사르기도 했지만 세상은 우리가 하는 말을 들으려 하지 않았다. 그들은 우리의 행동을 정치적인 것으로 여겼다. 자기 말을 전하려는, 이해시키려는, 인간의 순진한 행위로 보지 않았다. 우리가 원한 것은 승리가 아니라 화해와 조정이었다. 그런 상황에서 사람들을 돕는다는 건 위험한 일이었고 그래서 많은 이들이 죽임을 당했다. 공산주의자들은 우리가 미국을 위해서 일한다 생각했고, 반공주의자들은 우리가 공산주의자들이라 생각했고, 그래서 우리를 죽였다. 하지만 우리는 중간에 포기하고 어느 한 편에 서기를 원치 않았다.

세계의 상황은 지금도 비슷하다. 사람들이 자기를 어느 한쪽, 어느 한 이데올로기에 일치시키고 있다. 다른 나라 시민의 고통과 두려움을 이해하려면 그와 하나로 되어야 한다. 그런데 그러려면 위험을 감수해야 한다. 양쪽에서 의심받을 수 있기 때문이다. 하지만 그렇게 하지 않으면, 그래서 이쪽이든 저쪽이든 어느 한 편에 서면, 그러면 우리는 평화를 위해 일할 기회를 잃어버릴 것이다. 화해와 조정은 양쪽을 함께 이해하는 데서 오는 것이다. 어느 한쪽으로 가서 상대방의 어려움을 말해주고 다른 쪽으로 가서 역시 상대방의 어려움을 말해주는 거다. 그렇게 하는 것만이 평화를 위한 일에 큰 도움이 될 수 있다.

홍법원(Providence Zen Center. 1972년 한국의 숭산 스님이 미국에 처음 세운 선(禪)센터다. - 편집자)에서 수련모임을 가졌을 때 나는 한 사람에게, 강에서 수영하는 사람이 되어 십오 분쯤 호흡 명상을 한 뒤에 자기 자신을 강으로 표현해보라고 부탁했다. 그는 자기 자신을 강의 느낌과 언어로 표현하기 위해서 강이 되어야 했다. 그다음 소련에 살던 한 여인에게 자신을 미국인으로서 그리고 호흡 명상을 한 다음에 소련 시민으로서 평화를 위한 두려움과 희망을 모두 말해보라고 부탁했다. 그녀는 놀랍도록 훌륭하게 그 일을 해냈다. 이것이 불이(不二)에 입각한 명상법이다.

베트남의 젊은 불자들이 이런 명상을 시도했다. 그들 가운데 많은 이들이 세상을 그렇게 섬기다가 죽어갔다. 나는 젊은 형제자매들을 위해서 어떻게 하면 증오 없이 비폭력적으로 죽을 것인지를 한 편의 시에 담아보았다. "권고(勸告)"가 제목이다.

권고(勸告)

약속해다오.
오늘 내게 약속해다오.
지금 약속해다오.
태양이 정수리 위에
정확히 떠 있을 때
약속해다오.

저들이 산 같은 증오와 폭력으로

너를 쳐 쓰러뜨려도

구더기처럼 기어올라서

네 몸을 갉아먹거나

팔다리를 자르고

내장을 꺼낸다 해도,

아우야, 기억해라.

기억해라, 사람은 우리의 적이 아니다.

너에게 가치 있고 유일한 것은

한도 없고 조건도 없고

아무도 꺾을 수 없는, 자비뿐이다.

증오만으로는 인간 안에 있는

짐승을 다스릴 수 없다.

어느 날, 네가 옹근 용기와

친절하고 겁 없는 눈으로

그 짐승과 홀로 맞닥뜨릴 때

(그러는 너를 아무도 보지 못한다 해도)

네 웃음에서
한 송이 꽃이 피어나리라.
그리고 너를 사랑하는 이들이
생사(生死) 윤회의 강을 건너는
너를 반겨 안아주리라.

나 또한
사랑이 영원으로 되었음을 알고서
숙인 고개로 계속 걸어가겠다.
우리의 길고 거친 길에
해와 달도
끊임없이 빛을 비출 것이다.

    명상을 수련하는 것은 실재하는 고통에 깨어 있는 것이다. 부처
님이 처음으로 베푸신 법문은 고통과 고통으로부터 벗어나는 길에
관한 것이었다. 인종차별이 있던 남아프리카공화국에서 가장 고통
당한 사람은 흑인들이었지만 백인들도 고통스러웠다. 우리가 어느
한쪽만 편든다면 평화를 이루기 위한 화해와 조정의 임무를 충분히
감당할 수 없다.

이스라엘과 팔레스타인, 파키스탄과 인도, 흑인과 백인, 이 양쪽 모두를 만날 수 있는 사람들이 있는가? 그런 사람들이 없으면 사태만 악화될 뿐이다. 양쪽 모두와 통할 수 있는 사람, 양쪽의 고통을 이해하여 이쪽 사정을 저쪽에 알리고 저쪽 사정을 이쪽에 알리는 그런 사람들이 있어야 한다. 서로 갈등하는 나라들 사이에 이해와 명상과 화해를 가져다주는 데 도움이 되는 사람들이 필요하다. 미국인들이 미국인 이상(以上)일 수 있는가? 우리는 양쪽의 고통을 깊이 이해하는 사람들이 될 수 있는가? 우리가 과연 화해와 조정의 메시지를 전할 수 있을 것인가?

*

당신은 당신의 나라가 재래식 무기를 생산해서 그것으로 다른 나라 사람들이 서로 죽일 수 있도록 판매하고 있다는 사실에 대하여 모를지 모르겠다. 하지만 그 나라들의 아이와 어른들에게 그런 무기보다 먹을 것이 더욱 절실히 필요하다는 사실은 잘 알고 있을 것이다. 그런데도 무기를 생산해서 외국에 판매하는 것을 국가적 문제로 삼는 조직을 꾸리는 사람이 아무도 없다. 모두가 너무 바쁘다. 지난 오십 년 동안 수많은 사람을 재래식 무기가 죽였다. 우리가 미래에 터질지 모르는 핵폭탄에만 관심하고 지금 이 순간 여기저기에서 터지고 있는 재래식 폭탄에 눈길을 주지 않는다면 명백한 잘못을 저지르는 것이다. 미국은 지금도 계속해서 재래식 무기들을 생산하고 판매한다. 우리가 하지 않으면 다른 나라가 할 것이고 그러면 미국의 이익을 챙기지 못할 것이기 때문이란다. 이런 주장은 정도에서 어긋난 하나의 핑계일 뿐이다. 그런데도 재래식 무기의 생산과 판매를 계속하라고 대통령과 국민을 부추기는 투기꾼들의 주장은 엄연히 존재한다. 예를 들어, 무기 생산을 멈추면 수많은 노동자들이 직장을 잃게 된다는 거다. 우리는 과연 무기 생산을 멈추었을 때 그것으로 먹고 살던 이들의 생계를 도와줄 방편에 대하여 생각해본 적이 있는가?

이런 무기들이 날마다 사람을 죽이고 있다는 사실을 아는 미국인들이 많지 않다. 국회는 이 문제를 심각하게 토론하지 않는다. 우리도 이 상황을 제대로 아는 데 시간을 쓰지 않았고 따라서 정부의 정책을 바꿀 힘이 없다. 정부를 압박할 만큼 강하지 못하다. 정부의 외교정책은 대개 국민과 그들의 생활방식에 의해서 정해지기 마련이다. 우리는 시민으로서의 책임이 막중하다. 정책을 수립할 자유가 정부에 있다고 생각하지만 그 자유라는 게 우리의 일상생활에 달려 있는 것이다. 그들이 정책을 바꿀 수 있게 우리가 해준다면 그들은 그렇게 할 것이다. 그런데 그게 아직은 불가능하다. 당신이 정부에 들어가서 권력을 잡으면 뭐든지 원하는 대로 할 수 있을 것이라고 생각할지 모르겠으나 그건 그렇지 않다. 당신이 대통령으로 선출되어도 이 단단한 현실을 직면해야 한다. 아마도 당신은 똑같은 일을 조금 더 낫게 아니면 조금 더 못하게 할 것이다.

그러므로 우리는 진실을, 진짜 상황을, 보아야 한다. 우리의 일상생활, 어떻게 마시고 무엇을 먹는지가 세계의 정치적 상황에 직결되어 있다. 명상은 사물을 깊이 보는 것, 우리가 어떻게 바꿀 수 있고 우리 상황을 어떻게 변환시킬 수 있는지를 보는 것이다. 우리 상황을 바꾸는 것은 우리 마음을 바꾸는 것이기도 하고 우리 상황을 바꾸는 것은 우리 마음을 바꾸는 것이기도 하다. 상황이 마음이고 마음이 상황이기 때문에 그렇다. 깨어 있는 것이 중요하다. 폭탄의 본질, 불의(不義)의 본질, 무기의 본질, 우리 자신의 본질이 같은 것이다. 이것이 참여불교의 진정한 의미다.

＊

불교 사원에서는 과거 이천오백 년 동안 화해와 조정을 위한 일곱 가지 수련법을 발전시켜왔다. 이 테크닉들은 절집 안에서의 분쟁을 해결하는 데 사용되는 것이긴 하지만 우리 집안이나 사회에서도 사용할 수 있을 거라고 생각된다.

첫 번째 순서는 얼굴-마주-보고 앉기다. 전체 상가가 소집된 가운데 상대를 이기기 위해서가 아니라 도와주기 위해서 마음 챙겨 숨쉬며 웃으며 함께 앉는다. 이것이 기본이다. 서로 다투고 있는 두 스님도 거기 앉아 있는데 자기들이 다시 평화로워지기를 공동체 모든 식구가 바란다는 사실을 알고 있다. 말을 꺼내기 전에 이미 평화의 분위기가 조성되어 있는 것이다. 거기 모인 사람들은 이 스님 저 스님에 대한 소문이나 이쪽과 저쪽의 행동에 대한 평가 같은 외부에서 들리는 이야기에 귀를 기울이려 하지 않는다. 그런 것들은 도움이 되지 않는다. 모든 말을 공동체 안에서 공개적으로 해야 한다. 그렇게 두 사람이 마주보고 앉아서 숨을 쉬고 그리고 아무리 어렵더라도 미소를 짓는 거다.

두 번째 순서는 기억하기다. 두 스님이 서로 갈등하게 된 전체 역사를 상세하게 기억하려고 노력하는 동안, 전체 회중은 참을성 있게 앉아서 귀기울여 듣는다. 예컨대 한 스님이 말하는 거다. "내 기억으로는 그날 비가 내리고 있었는데 내가 부엌으로 갔더니 거기서 당신이…." 이렇게 자기가 기억하는 것을 모두 말한다. 이것은 매우 중요하다. 지금 그들이 지난 일로 다투고 있기 때문이다. 상가(Sangha) 생활의 원리는 날마다 일어나는 일들에 깨어 있는 것이다. 지금 일어나고 있는 일에 깨어 있지 않으면 언제고 일이 터질 것인데 그때는 너무 늦었을 것이다. 공동체가 모두 한 자리에 소집되어 있는 자리에서 두 사람이 마주 앉으면 두 사람 사이의 갈등은 이미 노출된 셈이다. 과거에 연관된 일인 이상, 마주보고 앉아서 지난 일을 자세하게 기억해내는 것이 지금 할 수 있는 유일한 일이다.

한 여자와 한 남자가 결혼해서 살다가 사이가 좋지 않게 되었다. 그런데 자기네 잠재의식에서 무엇이 어떻게 되었는지를 모른다. 그들의 느낌과 생각들이 갈수록 위험한 상황을 만들고 있다. 한동안 수면 아래에서 일어나던 일들이 급기야 밖으로 폭발하면 그때는 이미 수습이 어려운 지경이라 해결책은 이혼을 하든지 계속 싸우든지 아니면 상대를 죽이기까지 하는 거다. 명상이란 당신 안에서, 당신의 몸, 느낌, 생각 그리고 당신의 가족 안에서 일어나는 일들에 깨어 있는 것이다. 사람이 어떻게 살든지 이것은 매우 중요하다. 두 번째 테크닉은 지난날을 돌아보는 것인데, 공동체가 자세한 것을 많이 알수록 도와주기가 쉽다.

세 번째 순서는 고집부리지-않기. 두 사람이 고집부리지 않고 화해를 위해 노력하는 모습을 공동체 식구들 모두가 기대하고 있다. 결과는 중요치 않다. 두 사람이 상대를 이해하고 그와 화해하는 일에 최선을 다하겠다는 의지를 보여주는 것이 무엇보다 중요하다. 당신이 누구를 이해하고 받아들이기 위해서 최선을 다했으면 결과를 우려할 필요가 없다. 최선을 다한 것으로 충분하다. 상대도 자기 나름으로 최선을 다할 것이다. 전체 회중의 분위기가 결정적으로 중요하다. 모든 사람이 두 스님에게 높은 기대를 품고 있기 때문에 그들은 자기네가 일을 잘해야 한다는 사실을 알고 있다. 아니면 형제로 인정받지 못할 것이다.

네 번째는 진흙길을 마른 풀로 덮어주는 것이다. 비 온 뒤 시골에 가면 길이 무척 질다. 그럴 때 진흙길을 마른 풀로 덮으면 안전하게 걸을 수 있다. 양쪽이 자기를 대신해서 말할 존경받는 원로 스님을 한 분씩 지명한다. 그러면 두 스님이 관련된 사람들의 감정을 부추기지 않도록 유념하면서 회중에게 말을 한다. 불교 상가에서는 사람들이 어른 스님을 존중한다. 우리는 그들을 조상 적부터 내려온 스승이라고 부른다. 그들은 말을 많이 하지 않는다. 공동체의 나머지 사람들은 그들이 하는 말을, 그게 무슨 말이든, 진지하게 듣는다. 한 스님이 이쪽을 대신하여 말하면 그 말이 상대방으로 하여금 더 잘 이해하고 자신의 느낌, 분노 또는 저항심을 누그러뜨리게 도와준다. 그런 다음에는 다른 스님이 먼젓번 스님의 느낌을 더 좋게 해준다. 이렇게 해서 두 스님의 가슴속 응어리진 느낌을 눅여주고 공동체가 내놓은 판정을 받아들이도록 도와주는 것이다. 진흙길에 마른 풀을 깔아준다. 논쟁은 진흙 길, 짚은 다르마의 사랑 어린 친절함이다.

다섯 번째 단계는 자발적 고백이다. 스님들이 각자 상대가 말하기를 기다리지 않고 자기가 먼저 말하는 거다. 다른 사람들이 당신의 허물을 말하면 느낌이 다르다. 그런데 당신 스스로 그들에게 말하면 그건 놀라운 일이다. 우선 당신의 사소한 결점을 말한다. 당신에게도 큰 결점이 있겠지만 몇 가지 작은 결점을 말하는 거다. (여기에 기술이 필요하다.) 당신은 이렇게 말할 수 있을 것이다. "그날 내가 마음을 챙기지 않았어요. 그래서 이렇게 저렇게 말했던 겁니다. 끔찍한 일이에요. 미안합니다." 비록 사소한 자백이라 해도 듣는 사람 기분을 좋게 해줄 수 있다. 그래서 그도 비슷하게 자백할 용기를 얻게 되는 것이다. (소련과 미국이 사소한 문제들에 대한 서로의 반감을 서서히 줄여가는 모습을 상상해보라.)

이런 분위기는 서로에게 격려가 된다. 모두가 서로에 대한 반감이 줄어들기를 기대하며 호의적으로 된다. 모든 스님들 안에 있는 부처의 본성이 밖으로 표출되는 기회를 얻고 저마다 자신의 분노와 앙심으로부터 받는 압박감이 줄어드는 것이다. 이런 분위기에서 서로를 이해하고 받아들이는 능력이 생겨난다. 그때 원로 스님이 다투는 스님들에게 일깨워준다. "무엇보다도 그대들은 한 공동체의 식구들이다. 공동체의 평화와 안녕이 무엇보다 중요하다. 자기의 느낌만 생각하지 마라. 공동체의 평화와 안녕을 생각해라." 그때 두 사람은 저마다 자기를 희생하여 공동체가 내린 판정이나 결정을 받아들일 준비를 갖추게 되는 것이다.

일곱 번째와 여덟 번째 단계는 회중이 판정을 내리는 것과 다툼의 주인공들이 그 판정을 받아들이는 것이다. 두 스님은 전체 회중의 판정을 받아들이고 그럴 수 없을 때는 공동체를 떠나겠다는 서약을 미리 한 바 있다. 그래서 회중이 다툼의 내용을 소상히 밝히고 최대한으로 화해의 길을 모색한 다음 판정을 내리는 것이다. 판정 내용은 세 번 선포되는데 공동체 수장이 결정문을 읽는다. "우리는 함께 명상하고 조사하고 토론하고 가능한 모든 일을 한 결과 이는 이리저리 하고 저는 이리저리 하여 이 일은 이렇게 수습하고 저 일은 저렇게 수습할 것을 결정한다. 회중은 이를 받아들이는가?" 회중이 잠잠하면 받아들인다는 뜻이다. 이어서 같은 말이 반복된다. "숭고한 회중은 이를 받아들이는가?" 다시 침묵. 세 번째로 "숭고한 회중은 이를 받아들이는가?" 역시 침묵. 그러면 큰 스님이 선포한다. "비구와 비구니의 숭고한 회중이 이 판정을 받아들였다. 부디 두 사람은 이대로 하라." 문제 하나를 풀기 위해서 여러 번 모임을 가질 수도 있다. 어느한 스님이 불복해도 그의 말에는 힘이 없다. 회중의 판정에 승복하기로 서약한 바가 있기 때문이다.

지난 이천오백 년 동안 인도, 중국, 베트남, 한국, 일본 그리고 다른 여러 나라들의 절집에서 분쟁을 해결하는 위의 일곱 가지 방편을 사용해왔다. 내 생각으로는 여기에서 우리의 집안이나 사회에 적용시킬 수 있는 교훈을 얻을 수 있을 것이다.

*

평화운동을 하는 사람들 안에도 상당한 분노, 좌절, 오해가 있을 수있다. 평화운동에서 매우 훌륭한 항의서한을 작성할 수는 있지만 아직 사랑의 서신을 쓸 실력이 없는 것이다. 우리는 미국의 국회나 대통령이 던져버릴 서한이 아니라 기꺼이 읽을 만한 서신을 쓸 수 있어야 한다. 당신이 말하고 이해하는 방식, 용어를 쓰는 방식이 사람들로하여금 등을 돌리게 하는 것이어서는 안 된다. 대통령도 우리와 같은 인간이다.

평화운동이 과연 사랑 어린 연설을 하고 평화의 길을 보여줄 수 있는가? 나는 그것이 평화운동을 하는 사람들이 스스로 평화로울 수 있느냐에 달려 있다고 본다. 우리가 스스로 평화롭지 않고서 평화를 위해 할 수 있는 일은 없기 때문이다. 스스로 웃지 않으면서 남들을 웃게 도와줄 수는 없는 것이다. 우리가 평화롭지 않으면 평화운동에 이바지할 방도가 없다.

우리가 평화운동의 새로운 차원을 열 수 있기를 나는 희망한다. 오늘의 평화운동은 분노와 증오로 가득차 있다. 이래서는 우리가 평화운동으로 기대하는 바를 충족시킬 수 없는 일이다. 스스로 평화로이 존재하면서 평화를 위해 일하는 새로운 운동방식이 필요하다. 우리가 명상을 수련하여 매사를 바르게 보고 알고 이해하는 능력을 습득코자 애쓰는 이유가 바로 여기에 있다. 사물을 보는 우리의 방식을 평화운동에 주입할 수 있다면 그래서 앙심과 증오를 줄일 수 있다면 참으로 경이로운 일이 있게 될 것이다. 평화를 이루기 위해서 우리가 할 일은 무엇보다 먼저 평화롭게 존재하는 것이다. 명상은 우리 모두를 위한 것이다. 우리 아이들의 장래가 우리한테 달려 있다.

6

인터빙
(Interbeing)

나는 불교와 서양의 만남이 우리에게 무척 흥분되고 중요한 무엇을 가져다주리라고 믿는다. 서양사회에는 과학적으로 사물을 보는 법, 자유로운 탐구정신, 민주주의 같은 중요한 가치들이 있다. 이런 가치들과 불교가 만나면 인류는 대단히 새롭고 흥분되는 무엇을 얻게 될 것이다. 몇 가지 예를 들어보자. 인쇄 기술은 중국에서, 금속활자는 한국에서 발명되었지만 서양이 인쇄를 하면서 매우 중요한 통화(通話) 수단으로 바뀌었다. 화약은 중국에서 발명되었지만 서양 사람들이 그것을 제조하자 지구의 얼굴이 바뀌었다. 차(茶)는 아시아에서 개발되었는데 서양으로 건너가 티백으로 되었다. 무엇을 하는 서양의 방식이 사물을 불이(不二)로 보고 아는 불교 원리에 결합되면 우리의 생활방식이 획기적으로 변화될 것이다. 불교와 서양을 만나게 해주는 미국 불자들의 역할이 우리 모두를 위해서 대단히 중요하다.

불교는 하나가 아니다. 불교의 가르침들은 많다. 불교가 한 나라에 들어가면 그 나라에서 새로운 형태의 불교가 생겨난다. 미국의 불교공동체를 처음 방문했을 때 나는 한 친구에게 물어보았다. "당신네 부처님을 보여주시오. 미국 부처님 말이오." 친구는 이 질문에 놀라는 모습이었다. 불교를 어디에나 통하는 보편적 종교라고 생각했던 것이다. 실제로 중국 사람들에게는 중국 부처님, 티베트 사람들에게는 티베트 부처님이 있고 그 가르침도 서로 다르다. 이 나라 불교의 가르침이 저 나라 불교의 가르침과 다르다. 불교가 불교이려면 그것이 봉사하는 사회의 심성과 문화에 들어맞아야 한다.

내 질문은 아주 단순한 것이었다. "당신네 보살은 어디 있습니까? 미국 보살을 나에게 보여주시오." 내 친구는 그렇게 할 수 없었다. "미국 비구, 미국 비구니, 미국 불교공동체를 보여주시오." 이 모든 일들이 아직은 시기상조다. 나는 우리가 다른 불교 전통들에서 배울 수 있다고 생각한다. 하지만 당신들은 당신네 불교를 만들어야 한다. 깊은 수련을 통해서 머잖아 당신네 불교를 가지게 되리라고 나는 믿는다.

*

이곳 서양에서 받아들일 만한 형태의 불교를 소개하고자 한다. 지난 이십여 년 동안 우리는 이 형태의 불교를 실험해왔는데 현대 사회에 잘 적응될 것으로 보인다. 우리는 그것을 티엡 히엔 교단(Tiep Hien Order), "인터빙" 교단이라고 부른다.

티엡 히엔 교단은 전쟁 중의 베트남에서 창설되었다. 임제선(臨濟禪) 종단에 뿌리를 둔 임제종 사십이 대(代)로 참여불교의 한 형태다. 참여불교는 수련 센터 안에만 있지 않고 매일의 일상생활과 사회 안에 있는 불교다. **티엡**(Tiep)과 **히엔**(hien)은 중국어에 어원을 둔 베트남어다. 여기서 이 단어들의 의미를 설명하고 싶다. 그것들을 이해하는 것이 이 교단의 정신을 이해하는 데 도움이 되겠기 때문이다.

티엡은 "접하다."(to be in touch)라는 뜻이다. 참여불교의 개념이 **티엡**이라는 말에 이미 나타나 있다. 무엇보다 먼저 자기 자신과의 접촉이다. 현대사회에서는 대부분 사람들이 자기와 접하기보다 종교, 스포츠, 정치, 책 따위 다른 것들에 접하려고 한다. 우리는 우리 자신을 잊고 싶어한다. 여가시간이 있으면 무엇인가를 우리 안으로 불러들이려 한다. 그래서 텔레비전에 자기를 열어놓고는 네가 와서 나를 점령해달라고 말하는 거다. 그러므로 다른 어떤 것보다 "접하다."라는 말은 우리 모두 안에 있는 지혜, 이해, 자비의 근원을 찾기 위하여 자기 자신에 접하는 것을 의미한다. 자기 자신에 접한다는 말은 당신의 몸, 느낌, 마음 안에서 일어나고 있는 것에 깨어 있는 것을 뜻한다. 이것이 **티엡**의 첫 번째 의미다.

또한 **티엡**은 "부처들과 보살들, 그 안에서 이해와 자비가 살아 있고 영향력을 행사하는 깨달은 이들과 접하는 것"을 의미한다. 자기와 접하는 것은 지혜와 자비의 근원에 접하는 것이다. 부처가 자기 안에 있음을 아이들이 알고 있다는 사실은 당신도 알 것이다. 캘리포니아 오자이에서 있었던 수련 모임 첫 날, 한 소년이 자기가 부처라고 말했다. 나는 그에게 부분적으로 네 말이 옳다고 말해주었다. 때로는 그가 부처이기 때문이다. 하지만 그렇지 않을 때도 있다. 그것은 본인이 얼마만큼 깨어 있느냐에 달려 있다.

티엡의 두 번째 의미는 "계속하다."(to continue), 무엇을 오래 지속시키는 것이다. 부처들과 보살들에서 시작된 자비와 이해의 내력이 지속되어야 한다는 의미다. 이는 우리가 자신의 참 자아에 접할 때에만 가능해진다. 땅을 깊게 파서 그 속에 있는 신선한 물줄기에 닿을 때 비로소 샘이 가득차는 것과 같다. 우리가 우리의 참 마음에 접할 때 이해와 자비의 샘물이 솟구칠 것이다. 이것이 만사의 근본 바탕이다. 부처들과 보살들에서 비롯된 내력이 계속되게 하려면 반드시 우리의 참 마음에 접해야 한다.

히엔은 "현재 시간"이다. 우리는 현재 시간에 있어야 한다. 현재 시간만이 진짜 시간이다. 현재 순간에만 우리가 살 수 있기 때문이다. 우리가 수련하는 것은 미래를 위해서, 낙원에 태어나려고, 하는 게 아니다. 바로 지금 평화롭게 살고 자비를 베풀고 기쁨을 맛보려고 수련하는 것이다. 또한 **히엔**은 "진짜로 만들다, 나타내다, 실현하다." 를 의미한다. 사랑과 이해는 하나의 개념이나 단어만이 아니다. 그것들은 우리 자신 안에서, 사회 안에서, 실현되어야 한다. 이것이 **히엔** 이라는 말의 뜻이다.

티엡 히엔의 뜻을 담은 영어나 프랑스 단어를 찾기가 쉽지 않다. 아바탐사카 수트라에서 가져온 단어 **상호내재**(interbeing)가 있는데 그것이 그나마 티엡 히엔의 정신에 가깝다. 그래서 우리는 티엡 히엔을 "인터빙"으로 번역했다. 경에는 그것이 "상호"와 "존재"를 의미하는 합성어다. 인터빙은 새로 만든 영어 단어다. 이 말이 사람들에게서 통용되기를 희망한다. 우리는 하나 안에 있는 여럿, 여럿 안에 있는 하나를 말한다. 종이 한 장에서 우리는 다른 여럿을, 구름과 숲과 벌목꾼을, 본다. 나는 그러므로 너다. 너는 그러므로 나다. 이것이 인터빙이라는 말의 뜻이다. 우리는 서로 안에 있다(interare).

인터빙 교단에는 두 공동체가 있다. 핵심 공동체는 교단에서 하는 '열네 가지 마음챙김 훈련'(Mindfulness Training)을 받기로 서약한 사원의 남자와 여자 그리고 평신도들로 구성된다. 인터빙 교단의 형제자매로 임명되기 전에 최소한 일 년에 한 번은 이 훈련을 받아야 한다. 교단의 멤버로 임명된 사람은 계속 훈련할 공동체를 주변 사람들로 구성해야 하는데 그 모임을 외곽 공동체라고 부른다. 같은 방식으로 수련하지만 아직 서원을 하지 않아서 핵심 공동체 멤버로 임명되지 않은 사람들이다.

핵심 공동체의 식구로 임명된 평신도들은 특별한 표식을 갖추지 않는다. 가끔 갈색 겉옷을 입는 것 말고는 삭발하거나 특별한 옷을 입거나 하지 않는다. 그들을 일반인들과 구분하는 것은 몇 가지 규율을 지키는 것인데 그 중 하나가 한 번에 하든지 여러 번으로 나눠서 하든지 아무튼 적어도 일 년에 육십 일을 마음 챙기는 날로 정하여 수련하는 것이다. 예를 들어 매주 일요일마다 수련하면 오십이 일을 수련하는 셈이 된다. 외곽 공동체 사람들도, 비록 핵심 공동체 멤버로 임명되기를 원치 않아도, 같은 수련을 할 수 있다. 핵심 공동체 사람들은 독신생활과 가정생활을 임의로 선택할 수 있다.

적어도 두 주에 한 번 멤버와 친구들이 모여서 열네 가지 마음 챙김 훈련법을 암송하는데 아이들을 위한 세 가지 금기와 두 가지 약속으로 시작한다. 이 두 가지 약속이 어른들의 마음챙김 훈련 전체를 감싸고 있다. 첫째 약속은 이것이다.

나는 사람들과 동물, 식물, 미네랄들의 생명을 사랑하고 보호하기 위하여 자비심을 기르기로 서원합니다.

둘째 약속은 이것이다.

나는 사람들과 동물, 식물, 미네랄들과 조화롭게 어울려 살면서 그것들을 사랑하기 위하여 이해심을 기르기로 서원합니다.

이렇게 두 가지 약속의 내용은 자비 또는 사랑을 베풀고 이해하겠다는 것이다. 이것들이 부처님 가르침의 본질이다. 아이들은 세 가지 금기와 두 가지 약속을 암송한 다음 밖에 나가서 놀 수 있다. 그리고 어른들은 열네 가지 마음챙김 훈련법을 암송한다.

최근까지 나는 **마음챙김 훈련**(mindfulness training)이라는 말 대신 **계율**(precept)이라는 말을 써왔다. 그런데 많은 서양 친구들이 나에게 계율이라는 말이 선과 악에 대한 느낌을 강하게 준다고, 그것을 어기면 수련에 완전 실패한 느낌이 든다고, 말해주었다. 계율은 "계명"(commandment)과 다른 것이다. 고통과 고통의 원인을 곧장 들여다본 결과로 생긴 것이 계명이다. 마음챙김 수련을 가장 구체적으로 표현한 것이라 하겠다. 그런 까닭에 "마음챙김 훈련"이라고 하는 것이 더 적절하고 도움도 될 것이다.

계율은 보통 "살생하지 마라."처럼 몸에 연관된 훈계로 시작된다. 인터빙 교단의 마음챙김 훈련은 반대다. 그것은 먼저 마음에 관심한다. 부처님의 가르침에 따르면 마음이 다른 모든 것의 뿌리다. 그래서 인터빙 교단 마음챙김 훈련법은 이런 것이다.

첫 번째 마음챙김 훈련

광신주의와 편협함으로 생겨나는 고통을 알기에 우리는 어떤 교리나 이론, 이데올로기도, 그것이 비록 불교의 것이라 해도, 우상으로 섬기거나 그것들에 얽매이지 않기로 결심한다. 우리는 불교의 가르침을 이해와 자비를 키우는 데 도움이 되는 방편들로 볼 것이다. 그것들은 싸우고 죽이거나 그것을 위해서 죽어야 할 교리들이 아니다. 우리는 여러 형태의 광신주의가 사물을 이원적으로 나눠놓고 인식한 결과라고 이해한다. 우리는 모든 것을 열린 가슴으로, 우리 자신과 세계 안에 있는 교조주의와 폭력을 변환시키기 위한 인터빙의 통찰로, 바라보는 법을 훈련할 것이다.

이 마음챙김 훈련이야말로 사자후(獅子吼)다. 그 정신이 곧 불교의 특성이다. 우리는 부처님의 가르침이 강을 건너게 하는 뗏목이요 달을 가리키는 손가락에 지나지 않는다는 말을 자주 듣는다. 손가락을 달로 혼동하면 안 된다. 뗏목은 기슭이 아니다. 만일 우리가 뗏목에 집착한다면, 손가락에 집착한다면, 그러면 모두를 잃고 말 것이다. 뗏목이나 손가락 이름으로 누구를 죽일 수는 없는 노릇이다. 인간이 이데올로기나 교리보다 훨씬 소중하다.

인터빙 교단은 세계의 두 이데올로기가 충돌한 베트남 전쟁 중에 태어났다. 이데올로기와 교리의 이름으로 수많은 사람들이 죽이고 죽어갔다. 당신한테 총 한 자루가 있으면 그것으로 하나, 둘, 셋, 다섯 사람쯤 죽일 수 있을 것이다. 하지만 당신한테 이데올로기가 있고 그것을 절대 진리로 신봉한다면 당신은 수백만을 죽일 수 있다. 이 마음챙김 훈련은 가장 깊은 차원에서 살생하지 말라는 훈계를 담고 있다. 지금도 인류는 견해에 대한 집착으로 말미암아 많은 고통을 겪고 있다. "너는 그 가르침에 따르지 마라. 어기면 목을 치겠다." 진리의 이름으로 서로를 죽이는 거다. 세계가 이렇게 굳어져 있다. 아직도 마르크스주의를 그와 견줄 만한 것이 없는 인류 최고의 이데올로기로 생각하는 사람들이 있다. 반대로 그것을 미친 자들의 사상이라고, 그들을 파멸시켜야 한다고 주장하는 사람들도 있다. 이것이 오늘 우리를 사로잡고 있는 상황이다.

부처님의 가장 기본적인 가르침들 가운데 하나가 생명은 소중한 것이라는 가르침이다. 우리가 광신주의로부터 자유로워질 때 비로소 평화는 가능해진다. 당신이 마음챙김 훈련을 하면 할수록 그만큼 현실 속으로, 부처님의 가르침에 대한 이해 속으로, 깊이 들어가게 될 것이다.

두 번째 마음챙김 훈련

사사로운 견해와 그릇된 지각에 대한 집착으로 생겨나는 고통을 알기에 우리는 좁은 마음에서 현재하는 견해들에 집착하지 않기로 결심한다. 집단적 지혜의 혜택을 누리기 위하여 우리는 견해에 집착하지 않는 법을 배우고 수련할 것이다. 현재 알고 있는 지식이 절대 불변하는 진실이 아님을 우리는 안다. 심오한 깨침은 머리에 지식을 쌓음으로써가 아니라 자상하게 귀 기울여 잘 듣고 깊이 보고 관념들 놓아버리기를 수련함으로써 계시되는 것이다. 진실은 삶 속에서 발견된다. 우리는 자신의 삶을 통해서 배울 준비를 갖추고 순간마다 우리와 우리 주변의 삶을 관찰할 것이다.

이 마음챙김 훈련은 첫 번째 훈련에서 나오는 것이다. 아들이 죽었다는 생각 때문에 진짜 아들에게 문을 열어주지 않은 아버지 이야기를 기억하라. 부처님이 이르셨다. "그대가 무엇을 절대 진실로 알고 그것에 매달려 있으면 진실이 사람으로 와서 문을 두드려도 열어주지 않을 것이다." 마음이 열려 있어서 현재 자기가 아는 지식에 물음을 던질 수 있는 과학자가 더 높은 진실을 발견할 기회를 더 많이 가질 것이다. 더 높은 이해를 추구하는 불자 역시 실재에 관한 현재 본인의 견해에 질문을 던져야 한다. 견해와 지식을 넘어서는 데 이해의 기술이 있다. 견해에 집착하지 않는 길이 이해에 연관된 불교적 가르침의 바탕이다.

세 번째 마음챙김 훈련

자기 견해를 남들에게 강제함으로써 생겨나는 고통을 알기에 우리는 권위, 돈, 위협, 선전, 훈육 따위 어떤 방법으로든 우리 견해를 받아들이라고 남들에게, 자녀들에게조차, 강요하지 않기로 결심한다. 우리는 다른 사람들이 우리와 다르며 자기가 무엇을 믿고 어떻게 결정할 것인지를 스스로 선택할 권리를 존중한다. 하지만 사랑 어린 말과 자애로운 대화로 광신주의와 편협함을 바꿀 수 있도록 사람들 도와주는 법을 배울 것이다.

이것 역시 첫 번째 마음챙김 훈련에서 온 것이다. 이는 자유로운 탐구의 정신이다. 나는 서양 사람들이 이를 쉽게 받아들일 수 있으리라고 생각한다. 왜냐하면 당신들은 이해하니까. 당신들이 이 훈련법을 지구적으로 조직하는 방안을 찾는다면 세계를 위해서 행복한 사건일 것이다.

네 번째 마음챙김 훈련

고통의 본질을 깊이 들여다보는 것이 우리를 도와서 이해와 자비를 기르게 한다는 사실을 알기에 우리는 자기 자신한테로 돌아가 마음챙김 에너지로 고통을 인식하고 받아들이고 껴안고 귀 기울여 들어주기로 결심한다. 자신의 고통으로부터 달아나거나 과소비를 통해서 그것을 무마하려 하지 않고 깨어 있는 숨쉬기와 걷기를 수련하여 고통의 뿌리를 깊이 들여다보도록 최선을 다할 것이다. 일단 본인의 고통을 이해하면 다른 사람들의 고통도 이해할 수 있을 것이다. 우리는 사적인 만남을 포함하여 전화, 전자용품, 시청각교재 등 여러 수단을 동원하여 고통당하는 이들과 함께 하며 그들이 자기 고통을 자비, 평화, 기쁨으로 바꿀 수 있도록 도와줄 것이다.

부처님의 첫 번째 법문은 네 가지 고상한 진실에 관한 것이었는데 첫 번째 진실은 고통의 존재에 관한 것이었다. 고통에 연결되어 그것이 거기 있음을 알아차릴 필요가 있다. 우리가 아픔이나 질병을 직면하지 않으면 그래서 아픔과 질병의 원인을 찾지 않으면 그것들에서 나오는 길도 치료 방법도 찾지 못할 것이다.

미국은 어쨌든지 폐쇄된 사회다. 미국이라는 나라 밖에서 일어나는 일에는 별로 깨어 있지 않다. 사는 게 너무 바빠서 텔레비전을 보거나 신문을 읽어도 외국에서 벌어지는 일들은 대강 지나쳐버리고 진정한 만남이 이루어지지 않는다. 나는 당신들이 오늘 세계가 겪는 고통에 깨어 있는 길을 찾았으면 좋겠다. 물론 미국에도 고통들은 있고, 그것들에 가서 닿는 것은 매우 중요한 일이다. 하지만 서양의 많은 고통들은 겪지 않아도 될 것들이고 다른 이들의 진짜 고통을 보면 그냥 사라질 수 있는 것들이다. 때로 우리는 심리적인 이유로 고통을 당한다. 자기 자신 밖으로 나갈 수 없어서 그래서 고통스러워하는 것이다. 세계의 고통을 접하고 그 고통에 마음이 움직인다면 나가서 고통당하는 이들을 도울 수 있을 것이고, 그러면 우리 자신의 고통은 저절로 사라질 것이다.

다섯 번째 마음챙김 훈련

행복의 뿌리가 평화, 충실, 자유, 자비에 있음을 알기에 우리는 수백만이 굶주려 죽어가는 마당에 부(富)를 축적하거나 많은 고통과 절망을 안겨줄 수 있는 명예, 권력, 재물, 감각적 쾌락을 인생의 목표로 삼지 않기로 결심한다. 우리는 어떻게 정갈한 음식, 마음의 감동, 의욕과 의식으로 몸과 마음을 양육할 것인지 깊이 들여다보는 수련을 할 것이다. 도박, 술, 마약에 빠져들지 않고 우리 자신이나 집단의 몸과 마음을 마비시키는 웹사이트, 전자게임, 음악, 텔레비전 프로그램, 영화, 잡지, 도서, 대화에 말려들지 않을 것이다. 우리 자신의 몸과 의식 그리고 가정, 사회, 지구의 집단적 몸과 의식 안에 자비, 행복과 안녕 그리고 기쁨을 담보하는 방식으로 소비생활을 할 것이다.

　

『불설팔대인각경(佛說八大人覺經)』은 여덟 가지 바른 길(八正道)에 대해 이렇게 말한다. "인간의 마음은 언제나 재물을 추구하지만 결코 채워지지 않는다. 보살들은 반대 방향으로 움직여, 자기-충족의 원리를 따른다. 그들은 도(道)를 닦고자 단순하게 살며 완전한 이해의 실현을 자신들의 유일한 경력으로 삼는다." 현대 사회의 맥락에서 단순한 삶은 가능한 만큼 파괴적 사회와 경제적 기계로부터 해방되어 스트레스, 우울증, 고혈압 따위 이른바 현대인의 질병들을 피하는 삶이다. 우리는 대부분 현대인의 삶을 채우고 있는 강박과 근심 걱정을 피하기 위해서 모든 노력을 기울여야 한다. 거기에서 나오는 유일한 길은 소비를 덜 하는 것이다. 일단 우리가 단순하고 행복하게 살 수 있으면 그러면 다른 사람들도 더 잘 도와줄 수 있을 것이다.

여섯 번째 마음챙김 훈련

분노가 소통을 가로막고 고통을 일으킨다는 사실을 알기에 우리는 속에서 분노 에너지가 발동할 때 그것을 돌보고 본인 의식 깊은 곳에 있는 분노의 씨를 알아보고 그것을 변화시키기로 결심한다. 분노가 저를 드러내려 할 때 우리는 아무 말도 행동도 하지 않고 자신의 분노를 알아보고 껴안고 깊이 들여다보기 위해서 마음 챙겨 숨 쉬거나 마음 챙겨 걸을 것이다. 분노의 뿌리를 우리 바깥의 어디가 아니라 자신의 그릇된 지각과 자기와 남들의 고통에 대한 이해의 부족에서 찾을 수 있음을 우리는 안다. 제행무상을 정관(靜觀)함으로써 우리는 자기 자신과 자기를 화나게 한다고 생각되는 사람들, 그리고 인간관계의 소중한 가치를 자비의 눈으로 볼 수 있게 될 것이다. 우리는 이해, 사랑, 기쁨과 관용의 능력을 기르고 자신의 분노, 폭력, 두려움을 점차적으로 변환시키며 다른 사람들도 그럴 수 있도록 도와줄 수 있을 만큼 정행(正行)을 수련할 것이다.

우리는 짜증이나 화가 날 때 그것을 알아차리고 이해하려고 노력해야 한다. 일단 이해하면 더 잘 용서하고 사랑할 수 있게 된다. 자비에 대한 명상은 이해에 대한 명상을 뜻한다. 이해가 안 되면 사랑도 안 된다.

"모든 중생을 자비의 눈으로 본다." 이 말은 『법화경』에서 관세음보살을 묘사한 구절 중 하나다. 당신은 이 글을 써서 거실에 붙여 놓을 수 있을 것이다. 중국어로는 다섯 문자로 간단하다. "자비의 눈으로 살아 있는 것들을 본다.(Compassionate eyes looking living beings.)" 처음 이 다섯 마디를 읽었을 때 나는 말을 잃었다. 이 다섯 마디가 내 전체 인생을 충분히 안내할 수 있으리라는 것을 나는 알았다.

일곱 번째 마음챙김 훈련

사람이 현재 순간에만 살 수 있음을 알기에 우리는 매일의 순간들 속에서 깊이 있게 살아가는 훈련을 하기로 결심한다. 우리는 지난날에 대한 후회, 앞날에 대한 염려, 현재 속에서의 탐욕, 분노, 질투 따위 번

잡스러움에 빠져들어 자기 자신을 잃어버리지 않을 것이다. 지금 그리고 여기에서 일어나는 일에 깨어 있고자 마음 챙겨 숨쉬기를 수련할 것이다. 우리는 어떤 처지에서든 우리 안이나 주변에 있는 경이롭고 신선하고 치유하는 요소들에 접함으로써 마음 챙겨 사는 법을 배우고 익히기로 결심한다. 그리하여 우리 안에 있는 기쁨, 평화, 사랑의 씨를 배양하고 본인의 의식 속에서 이루어지고 있는 변화와 치유를 촉진할 것이다. 진정한 행복이 원천적으로 바깥 조건들이 아니라 본인의 마음 자세에 달려 있으며, 행복하기 위하여 필요한 것보다 많은 것을 이미 지니고 있다는 사실을 기억함으로써 현재 순간을 행복하게 살 수 있음을 우리는 알고 있다.

이 마음챙김 훈련이 가운데 자리를 차지한다. 깨어서 살기, 이것이 열네 가지 마음챙김 훈련의 중심이고 가장 중요한 훈련이다. 이 훈련이 없으면, 마음챙김이 없으면, 다른 마음챙김 훈련들이 완벽하게 이루어질 수 없다. 이것은 짐 나르는 장대와 같다. 아시아에서는 긴 장대를 어깨에 메고 양쪽에 짐을 달아 운반한다. 이 훈련은 당신이 짐을 옮기려고 어깨에 둘러맨 장대와 같다.

여덟 번째 마음챙김 훈련

소통의 결핍이 언제나 분열과 고통을 불러온다는 사실을 알기에 우리는 사람들의 말을 자애롭게 듣고 사랑스럽게 말하는 수련 속에서 우리 자신을 훈련시키기로 결심한다. 참된 공동체의 뿌리가 너그러운 상호포용과 견해, 생각, 말의 조화를 구체적으로 수련하는 데 있음을 알기에 우리는 집단적인 통찰에 이르기 위하여 자신의 이해와 경험들을 공동체 식구들과 더불어 나누는 훈련을 할 것이다. 우리는 서로간의 불화를 초래하고 공동체를 깨뜨릴 수도 있는 누군가의 발언된 말을, 판단하고 기계적으로 반응하고 못들은 척하는 일 없이, 깊이 있게 잘 듣는 법을 배우기로 다짐한다. 어려운 일이 발생할 때마다 상가에 머물며 그 어려움을 초래한 자신의 안 좋은 버릇 에너지를 포함, 모든 원인과 조건들을 파악코자 자기 자신과 다른 이들을 깊게 보는 수련을 할 것이다. 우리가 갈등을 일으키는 데 이바지했을 수도 있다는 책임을 지고 소통의 문을 계속 열어놓겠다. 우리는 자기가 희생자라는 생각으로 처신하지 않고 모든 갈등을, 아무리 작은 갈등이라 해도, 해소하고 화해시키기 위한 길을 적극적으로 모색할 것이다.

바야흐로 말하기에 연관된 마음챙김 훈련의 후반부로 들어섰다. 처음 일곱 가지 훈련은 마음에 연관되고 그다음 둘은 말에 그리고 나머지 다섯은 몸에 연관된다. 이 마음챙김 훈련은 화해에 대한, 우리 가정뿐 아니라 일반사회에서 평화를 이루기 위한 노력에 대한 것이다. 갈등을 해소하고 화해를 이루기 위하여 우리는 양쪽을 아울러 만나야 한다. 갈등 자체를 넘어서야 한다. 여전히 갈등 안에 있어서는 화해가 어려워진다. 양쪽의 말을 듣고 이해하려면 어디에도 기울지 않는 관점에 서야 한다. 세계는 지금 이렇게 화해를 위하여 일하는 사람들, 이해와 자비의 능력을 지닌 사람들이 필요하다.

아홉 번째 마음챙김 훈련

사람의 말이 행복과 고통을 유발할 수 있다는 사실을 알기에 우리는 진실하고 사랑스럽게 그리고 건설적으로 말하는 법을 배우기로 결심한다. 우리는 자기 자신과 다른 사람들 가운데 화해와 평화를 불러일으키고 기쁨, 확신, 희망을 안겨주는 말만 할 것이다. 자신과 다른 이들이 고통을 바꾸고 힘든 상황에서 벗어나는 길을 찾는 데 도움이 되는 방식으로 말하고 들을 것이다. 우리는 개인의 이익을 도모하여 남들에게 영향을 미치려고 진실하지 않은 말을 하거나 분열과 증오를 가져오는 말을 하지 않기로 결심한다. 남의 허물을 본인 없는 데서 말하지 않고 자기 생각이 과연 옳은지를 항상 자문함으로써 상가 (Sangha)의 행복과 조화를 보호할 것이다. 우리는 어려운 상황을 이해하고 변화시키는 데 도움을 주려는 의도로만 말할 것이다. 확실하지 않은 일을 비판, 정죄하거나 그에 대한 소문을 퍼뜨리지 않을 것이다. 불의한 상황에 대해서는, 비록 그러다가 어려운 일을 당하고 안전이 위태로워진다 하더라도, 최선을 다하여 발언할 것이다.

우리가 하는 말이 우리 주변에 사랑, 신뢰, 행복을 조성하거나 아니면 지옥을 만들 수 있다. 우리는 자기가 하는 말에 조심해야 한다. 말을 너무 많이 하는 성향이 있으면 그것을 알아차리고 덜 하는 법을 배워야 한다. 우리는 자기가 하는 말과 그 말의 결과에 깨어 있어야 한다. 전화기를 들기 전에 욀 수 있는 가타가 있다.

사람의 말은 수천 마일을 건너갈 수 있다.
바라건대 내 말이 상호이해와 사랑을 만들 수 있기를,
보석처럼 아름답고 꽃처럼 사랑스럽기를.

우리는 건설적으로 말해야 한다. 말을 하면서 우리는 오해와 증오, 질투를 유발하지 않을 뿐 아니라 오히려 서로 이해하고 받아들일 수 있게 하는 쪽으로 노력할 수 있다. 이 가타가 전화요금을 줄이는 데 도움이 될 수도 있을 것이다. 아홉 번째 마음챙김 훈련은 솔직함과 용기를 요구하기도 한다. 진실을 말하면 자신의 안전이 위험해지는 상황에서 용감하게 불의를 고발하는 사람들이 우리 가운데 과연 얼마나 있는가?

열 번째 마음챙김 훈련

상가의 본질과 목적이 이해와 자비의 실현인 것을 알기에 우리는 불교 공동체를 개인의 권력이나 이익을 위해서 이용하거나 정치적 도구로 변질시키지 않기로 결심한다. 그럼에도 불구하고 정신적 공동체의 멤버로서 억압과 불의에 반대하는 분명한 입장을 취할 것이다. 우리는 갈등하는 어느 한편에 서지 않고서 상황을 변화시키고자 최선의 노력을 다할 것이다. 인터빙의 눈으로, 우리 자신과 다른 이들을 전체 상가 몸의 세포로 볼 것이다. 자기 자신과 전체 공동체를 배양키 위하여 마음 챙기기, 집중하기, 깊이 통찰하기를 수련하는 상가의 진정한 세포인 우리는 저마다 부처님 몸[佛身]의 세포들이기도 하다. 우리는 형제자매의 연(緣)을 공고히 맺어 강물처럼 흐르면서 집

단적 깨어남에 이르기 위하여 이해, 사랑 그리고 번뇌 척결의 세 가
지 참된 힘을 기르는 수련에 적극적으로 임할 것이다.

이것은 우리가 불의에 대하여 침묵해야 한다는 뜻이 아니다. 어
느 한편에 서지 않고 깨어 있음으로 일해야 한다는 의미다. 우리는
진실을 말하되 정치적 결과에 무게를 두지 말아야 한다. 어느 한쪽에
서면 갈등을 중재할 힘을 잃게 될 것이다.

언젠가 미국을 방문했을 때 베트남 정부를 돕고자 기금을 모으
려는 사람들을 만난 적이 있었다. 내가 보트피플을 위해서도 같은 일
을 할 수 있겠느냐고 물었을 때 그들은 그럴 수 없다고 답했다. 보트
피플에 대하여 언급하는 것이, 그러면 베트남 정부가 우스워질 테니
까, 정치적으로 잘하는 게 아니라고 생각했던 것이다. 한 가지 일에
성공하기 위해서 그들은 스스로 옳다고 여기는 어떤 일을 삼가야만
했다.

열한 번째 마음챙김 훈련

우리의 환경과 사회에 커다란 폭력과 불의가 자행되고 있음을 알기
에 우리는 인간과 자연에 해가 되는 직업을 가지지 않기로 결심한다.

우리는 지구상의 모든 생물이 건강하고 안녕하게 살도록 이바지하고 이해와 사랑이라는 이상(理想)을 실현하는 데 도움이 되는 생계수단을 선택하는 일에 최선을 다할 것이다. 전체 세계의 생태적·정치적·사회적 현실과 아울러 우리와 생태 조직의 상호연결성을 알고 있기에 우리는 시민으로서 그리고 소비자로서 책임 있게 행동할 것을 다짐한다. 천연자원을 고갈시키고 땅을 해치고 다른 종(種)들의 생존기회를 박탈하는 회사들에 투자하지도 않고 그들의 상품을 구매하지도 않을 것이다.

그대로 지키기 어려운 훈련이다. 운 좋게 자비의 이상을 실현하는 데 도움이 되는 직업을 가졌다 하더라도 그래도 당신은 좀 더 깊이 생각해야 한다. 내가 만일 교사라면 아이들 가르치는 자신의 직업에 만족할 것이다. 나는 돼지나 소를 잡는 백정이 아니라서 참 좋다. 하지만 백정의 아들과 딸들이 학교에 오면 그들을 가르쳐야 한다. 그들이 나의 정당한 직업으로 혜택을 입는다. 백정이 장만한 고기를 우리집 아이들이 먹는다. 우리는 서로 연결되어 있다. 내 생계수단이 완전 옳다고 말할 수 없는 것이다. 그건 있을 수 없는 일이다. 이 마음챙김 훈련에는 집단적으로 옳은 생계수단을 실현하는 방법을 찾는 것이 포함된다.

당신은 도살당하는 동물들을 감소시키기 위하여 채식을 시도할 수 있다. 하지만 완전하게 살생을 피할 수는 없다. 물 한 잔 마실 때도 당신은 그 속의 수많은 미생물들을 죽이고 있다. 당신이 채소 한접시 먹을 때도 수많은 생물들이 죽어간다. 나는 나의 채식이 완벽한 채식이 아니라는 것을 안다. 우리 스승 부처님께서도 이 사실을 피할 수는 없을 것이다. 문제는 우리가 자비를 향해서 가는 쪽으로 결심하느냐 아니냐에 달려 있다. 할 수 있으면 우리가 고통을 최소한으로 줄일 수 있을까? 만일 내가 방향을 잃었다면 북극성을 바라보고 북쪽으로 가야 할 것이다. 그렇다고 해서 북극성까지 가야 하는 건 아니다. 다만 그쪽으로 가고자 할 따름이다.

열두 번째 마음챙김 훈련

많은 고통이 전쟁과 분쟁으로 말미암는 것을 알기에 우리는 일상생활 속에서 비폭력, 자비, 인터빙에 대한 통찰력을 기르고 우리의 가족, 공동체, 인종적 종교적 집단, 국가 그리고 세계에서 평화 교육, 마음챙김 명상, 화해를 촉진키로 결심한다. 우리는 아무도 죽이지 않고 누가 누구를 죽이게 하지도 않겠다. 이 세계에, 우리의 생각 속에 또는 우리의 생활방식 속에 있는 그 어떤 살생 행위도 후원하지 않을 것이다. 생명을 보호하고 전쟁을 막고 평화를 건설하는 더 좋은 길을 찾기 위하여 우리의 상가와 더불어 모든 것을 깊이 보는 수련을 부지런히 계속할 것이다.

　서양 국가들의 국방비 예산은 여전히 엄청난 규모다. 서양 국가들이 군비경쟁을 멈추면 당장이라도 지구별에서 빈곤, 굶주림, 문맹, 많은 질병을 없애기에 충분한 돈을 쓸 수 있다는 연구 결과가 있다. 이 마음챙김 훈련은 인간들만을 위한 것이 아니다. 이 땅의 온갖 중생들을 위한 것이다. 앞에서 보았듯이, 누구도 이 훈련을 완벽하게 할 수 없다. 하지만 본질은 생명을 존중, 보호하고 그러기 위해서 나름대로 최선을 다하는 것이다. 이는 아무도 죽이지 않고 누가 누구를 죽이게 하지도 않는 것을 의미한다. 쉬운 일은 아니다. 이 훈련을 하는 사람들은 자기 자신 안에서 평화롭기 위해서라도 세계의 평화를 위해 일해야 한다. 전쟁을 막는 것이 전쟁을 반대하는 것보다 훨씬 낫다. 반전(反戰)은 이미 늦었다.

열세 번째 마음챙김 훈련

개발사업, 사회적 불의, 도둑질 그리고 억압으로 말미암아 고통이 생성되는 것을 알기에 우리는 자신의 사고방식, 언어, 행동에서 너그러운 관용을 배양키로 결심한다. 우리는 인간, 동물, 식물, 미네랄의 행복을 위해 일하고 우리의 시간, 에너지, 물질을 그것이 부족한 사람들과 나눔으로써 사랑어린 친절을 수련할 것이다. 우리는 도둑질하지 않고 다른 사람들의 것을, 그것이 무엇이든, 소유하지 않기로 다짐한다. 다른 사람들의 재산을 존중하되 인간과 온갖 중생을 고통에 빠뜨리면서 자기 이익을 취하지 못하게 막기 위해 노력할 것이다.

우리로 하여금 사회적 불의로 말미암은 아픔에 깨어 있게 하면서, 열세 번째 마음챙김 훈련은 좀 더 살기 좋은 세상을 위하여 일할 것을 우리에게 촉구한다. 이 훈련은 네 번째 마음챙김 훈련(고통 알아차리기), 다섯 번째 마음챙김 훈련(생활방식), 열한 번째 마음챙김 훈련(바른 생계수단), 열두 번째 마음챙김 훈련(생명 보호)에 연계된다. 이 훈련을 더 깊이 이해하기 위해서 우리는 위의 네 가지 마음챙김 훈련을 유념해야 한다.

인간과 다른 중생에 고통을 안겨주면서 자기 이익을 챙기려는 자들을 막는 방법을 강구하는 일은 법률가와 정치가들의 몫이다. 그러나 우리도 저마다 그쪽에서 할 수 있는 일이 있다. 억압당하는 사람들 가까이 다가가서 그들의 생존권을 억압과 착취로부터 어느 정도 지켜줄 수 있는 것이다. 누군가가 인간과 다른 중생에 고통을 안겨주면서 자기 이익을 챙길 수 있게 해주는 건 우리가 할 수 있는 일이 아니다. 우리는 한 공동체로서 그것을 막아야 한다. 우리가 사는 도시에서 어떻게 정의를 위해 일할 것인가는 우리 모두가 숙고해야 할 과제다. 모든 중생을 돕겠다는 보살들의 서원은 막중한 것이다. 우리도 그들의 구명정을 함께 타겠다고 서원할 수 있다.

열네 번째 마음챙김 훈련

평신도들을 위하여 : 성적 욕망은 사랑이 아니고 욕정에 의한 성관계가 외로움을 해결해줄 수 없을 뿐더러 더 큰 고통, 실망, 소외를 초래한다는 사실을 알기에 우리는 상호이해와 사랑, 가족과 친구들이 알고 있는 오래고 깊은 약속이 없는 성관계를 맺지 않기로 결심한다. 몸과 마음이 같은 실재의 두 얼굴임을 알기에 우리는 성 에너지를 잘 관리하고 본인의 행복과 남들의 행복을 위하여 사랑어린 친절, 자비, 기쁨과 너그러움을 배양하기로 다짐한다. 우리는 성관계로 인하여 있을 수 있는 미래의 고통을 잘 알아야 한다. 자기 자신과 남들의 행복을 유지하려면 본인과 남들의 권리와 서원을 존중해야 한다는 사실을 우리는 안다. 우리는 아이들이 성적 학대를 당하지 않도록 지켜

주고 잘못된 성생활로 부부와 가족들이 해체되지 않도록 지켜주기 위하여 할 수 있는 모든 일을 할 것이다. 우리는 우리의 몸을 자비와 존중으로 보살필 것이다. 우리는 네 가지 자양분을 깊이 들여다보고, 그것들 존속시키는 법을 배우고, 우리의 생체 에너지(성·숨·정신)를 보살의 이상을 실현하는 데로 돌리는 법에 대하여 배울 것이다. 이 세상에 새로운 생명들을 낳아줄 우리의 책임에 온전히 깨어 있으면서 그들의 미래 환경을 두고 지속적으로 명상할 것이다.

승려들을 위하여 : 비구나 비구니의 깊은 열망이 감각적 사랑의 속박을 등지고 떠날 때 비로소 실현된다는 사실을 알기에 우리는 순결 생활을 수련하고 다른 사람들이 자기를 지키도록 도와주기로 결심한다. 우리는 외로움과 고통이 성관계를 통해서가 아니라 사랑어린 친절, 자비, 기쁨, 너그러움을 수련함으로써 감소된다는 사실을 알고 있다. 우리는 성관계가 승려 생활을 파괴하고 중생을 두루 섬기려는 우리의 이상을 실현하지 못하게 가로막으며 다른 사람들을 해친다는 것을 알고 있다. 우리는 자신의 성 에너지를 관리하는 적절한 방법에 대하여 배울 것이다. 자기 몸을 억압하거나 잘못 다루거나 신체를 하나의 도구로만 여기지 않고 자비와 존중으로 자기 몸 조절하는 법을 배울 것이다. 우리의 몸을 자비와 존중으로 보살필 것이다. 우리는 네 가지 자양분을 깊이 들여다보고, 그것들 존속시키는 법을 배

우고, 우리의 생체 에너지(성·숨·정신)를 보살의 이상을 실현하는 데로 돌릴 것이다.

당신은 이 마음챙김 훈련이 자녀 생산을 훼방한다고 생각할지 모르겠는데 그렇지 않다. 그것은 다만 우리에게 자기가 지금 하고 있는 일에 깨어 있기를 촉구할 따름이다. 오늘 이 세계는 더 많은 아이들이 출생하기에 충분히 안전한 곳인가? 더 많은 아이들이 태어나기를 원한다면 당신은 세계를 위해서 뭔가 해야 한다.

이 훈련은 독신 생활에 연관된 것이기도 하다. 전통적으로 스님들은 적어도 세 가지 이유로 독신 생활을 한다. 첫째, 부처님 당시의 스님들은 하루의 대부분 시간을 명상 수련에 써야 했다. 그들이 마을 사람들을 만나는 것은 사람들을 가르치거나 하루치 양식을 그들로부터 얻기 위해서였다. 스님이 자기 가족을 부양해야 한다면 스님의 임무를 제대로 감당하지 못할 것이다.

둘째, 명상을 위해서 성 에너지를 간수해야 하기 때문이다. 아시아의 대부분 종교 전통에서는 인간에게 세 가지 에너지 원(源)이 있다고 가르친다. 성, 숨 그리고 정신이 그것들이다. 성 에너지는 성교를 할 때 쓰는 에너지다. 숨 에너지는 말을 너무 많이 하고 숨을 너무 적 게 쉴 때 쓰는 에너지다. 정신 에너지는 걱정이 많아서 잠을 이루지 못할 때 쓰는 에너지다. 이 세 가지 에너지 원(源)을 소모하면 당신의 몸은 실재로 들어가서 그것을 충분히 깨칠 만큼 강하지 못할 것이다. 스님들이 독신으로 사는 것은 도덕적 훈계 때문이 아니라 에너지를 보존하기 위해서다. 단식을 오래 해본 사람은 이 세 가지 에너지를 보존하는 것이 얼마나 중요한지에 대하여 잘 알 것이다.

스님들이 독신으로 사는 세 번째 이유는 사람들이 겪는 고통 때문이다. 오늘도 인도에 가면 먹을 것이 없어 굶거나 아파도 약을 쓰지 못하는 아이들을 많이 보게 된다. 한 여인이 두세 아이도 충분히 먹여 기를 수 없으면서 열이나 열둘의 자녀들을 낳는다. 고통의 실재가 불교의 첫 번째 진리다. 한 아이를 세상에 태어나게 하는 것은 막중한 책임이 수반되는 일이다. 당신이 부자라면 문제될 것 없겠다. 하지만 가난하다면 진짜 심각한 문제다. 사람이 다시 태어난다는 것은 우선 자기 자녀로 다시 태어나는 것이다. 당신 자녀들은 당신의 연장(延長)이다. 당신이 그들 안에서 다시 태어나 고통의 순환을 거듭하고 있는 것이다. 이 세상에 더 많은 아이들을 낳는 것이 그들을 고통스럽게 하는 것임을 알았기에 부처님은 승려들에게 아이를 낳지 말라고 하셨던 것이다. 지난 이천오백 년 세월 여러 나라의 스님들이 출산율 감소에 이바지했다고 나는 생각한다.

열네 번째 마음챙김 훈련은 우리에게 자기 몸을 존중하고 도(道)

의 실현을 위하여 에너지를 유지하라고 권한다. 명상뿐 아니라 세계를 변화시키려는 노력에도 에너지가 요구된다. 우리는 마땅히 우리 자신을 잘 돌봐야 한다.

내 견해로는 서양 사람들의 성 해방이 좋은 결과를 많이 가져오기도 했지만 몇 가지 문제들을 낳기도 했다. 현대적 산아제한 방식 덕분에 여성해방이 매우 현실적인 것으로 되었다. 과거에는 유럽과 마찬가지로 아시아의 어린 소녀들이 막중한 문제를 안고 있었고 그래서 임신했을 경우 자살하는 사례들도 있었다. 산아 조절을 위한 기술이 개발된 뒤로는 그런 비극이 현저하게 줄어들었다. 하지만 성 해방이 많은 스트레스와 문제를 유발한 것도 사실이다. 나는 그 때문에 많은 이들이 우울증으로 고통을 겪는 것 아닐까 생각한다. 부디 이 문제를 숙고해주기 바란다.

당신이 아이들을 낳고 싶다면 그들이 태어나서 살아갈 세계를 위해 어떻게든지 이바지하라. 그것이 당신을 이렇게 저렇게 평화를 위해서 일하는 사람으로 만들어줄 것이다.

7

일상생활 속에서의 명상
(Meditation in Daily Life)

수련회 기간에는 시간을 맞추어 종
㉽ 선생이 종을 울린다. 조용히 이런 게송을 외면서.

완벽하게 하나인 몸과 말과 마음으로,
이 가슴을 종소리에 실려 보낸다.
바라건대 듣는이마다 망각에서 깨어나,
온갖 염려와 슬픔에서 벗어나기를.

그가 세 번 숨을 쉬고 나서 종을 울린다. 나머지 사람들은 들리
는 종소리에 생각을 멈추고 세 번 숨을 쉰다, 아래 게송을 외면서.

들어라, 들어라,

나를 내 참 자아로 데려가는,

저 경이로운 소리를.

명상은 지금 당신 몸에서, 당신 느낌에서, 당신 마음에서 그리고 세상에서 일어나고 있는 일에 깨어 있는 것이다. 불교에서 가장 값진 수련이 명상이고 중요한 것은 즐거운 기분으로 명상을 수련하는 것이다. 우리는 명상을 하기 위해서 많이 웃어야 한다. 마음챙김의 종소리가 이를 도와준다.

※

우리에게 아들이 있는데 참아주기 힘든 젊은이로 자랐다고 생각해보자. 그를 사랑하기가 힘들 것이다. 자연스러운 일이다. 사람이 사랑을 받으려면 사랑받을 만해야 하는 거다. 아들을 사랑하기가 힘들다면 우리는 무척 불행할 것이다. 우리는 우리가 그를 사랑할 수 있기를 바란다. 하지만 우리가 할 수 있는 일은 그를, 그의 형편을, 이해하는 것이 전부다. 우리는 아들을 명상의 주제로 삼아야 한다. 공(空)이나 다른 무슨 관념들 말고 아들을 명상의 구체적 주제로 삼아야 한다.

우선, 명상하는 힘을 고갈시키는 번잡한 느낌과 생각들을 멈추고 집중하는 능력을 배양할 필요가 있다. 그것을 가리켜 산스크리트어로 **사마디**(samadhi)라 한다. 아이가 숙제를 하려면 껌 씹기와 라디오 듣기를 멈추어야 한다. 그래서 과제물에 집중할 수 있어야 한다. 우리가 아들을 이해하려면 마음 어지럽히는 것들 멈추는 법을 배워야 한다. 집중, 사마디, 이것이 첫 번째 명상 수련이다.

우리에게 전구(電球)가 하나 있다. 읽는 책에 집중하려면 빛이 분산되지 않고 책을 잘 읽을 수 있게 모아주는 전등갓이 필요하다. 집중 수련은 전등갓으로 우리 마음을 무엇에 집중토록 도와주는 것과 같다. 미래도 자르고 과거도 자르고 오직 현재 순간에 머무르면서 앉기 명상이나 걷기 명상을 하는 동안 우리는 집중하는 능력을 기른다. 집중하는 힘으로 문제를 깊숙이 들여다볼 수 있다. 이것이 속을 꿰뚫어보는 통찰 명상이다. 먼저 문제가 있음을 알아차리고 그것에 집중한 다음 그것의 진짜 알속을, 이 경우에는 아들의 불행을, 이해하기 위해서 그 속을 깊이 들여다보는 거다.

우리는 아들을 책망하지 않는다. 다만 저 아이가 왜 저렇게 되었는지 그것을 이해하고 싶을 따름이다. 이 명상법으로 우리는 아들을 저 지경으로 이끌어온 멀고 가까운 원인들을 모두 찾아낸다. 더 많이 볼수록 더 많이 이해한다. 더 많이 이해할수록 자비와 사랑을 품기가 더 쉬워진다. 이해가 사랑의 뿌리다. 이해가 사랑 자체다. 이해는 사랑의 다른 이름이고 사랑은 이해의 다른 이름이다. 불교를 수련할 때 우리는 이 방식으로 많은 도움을 얻을 수 있다.

나무를 한 그루 기르는데, 만일 그 나무가 잘 자라지 않는다면, 당신은 그 나무를 책망하지 않는다. 오히려 그것이 잘 자라지 않는 이유를 들여다본다. 거름이 필요하거나 물을 더 주거나 아니면 직사광선을 가려주어야 할지도 모른다. 아무튼 당신은 나무를 책망하지 않는다. 그런데 아들은 책망한다. 우리가 아이를 잘 돌볼 줄 안다면 아이는 나무처럼 잘 자랄 것이다. 책망은 아무 효과가 없다. 절대 나무라지 마라. 이성과 논쟁으로 설득하려 하지 마라. 그런 방법들로는 어떤 긍정적 결과도 거둘 수 없다. 내 경험이다. 논쟁도 합리도 책망도 아니다. 이해가 있을 뿐이다. 당신이 이해한다면, 이해한다는 것을 보여준다면, 그러면 당신은 사랑할 수 있을 것이고 상황은 달라질 것이다.

*

마음챙김 종소리는 우리를 우리 자신한테로 부르는 부처님 음성이다. 우리는 그 음성을 존중하여 생각과 말을 멈추고, 웃으며, 마음 챙겨 숨 쉬며, 자기 자신에게로 돌아가야 한다. 그것은 밖에서 오는 부처님이 아니다. 우리를 부르는 우리 자신의 부처님이다. 종소리를 듣지 못하면 바람소리, 새소리, 자동차 소리나 아기 울음소리 같은 부처님으로부터 오는 다른 소리들도 들을 수 없다. 그것들 모두 우리를 너 자신에게로 돌아오라고 부르는 부처님의 음성이다. 때를 따라서 종소리로 수련하는 것이 우리에게 도움을 준다. 일단 종소리로 수련할 수 있으면 바람소리나 다른 소리들로도 수련할 수 있다. 그런 다음에는 소리뿐만 아니라 모양으로도 수련할 수 있게 된다. 창문으로 들어오는 햇빛이 붓다카야(佛身)로 존재하고 상가카야(僧身)를 실현하라고 당신을 부르는 다르마카야(法身)의 음성인 것이다.

"고요, 웃음. 지금 이 순간, 놀라운 순간." 이 말을 앉아 있으면서, 걷기 명상 하면서 되뇌거나 숨을 헤아리는 것 같은 다른 방법들을 사용할 수 있다. 들이쉬면서, 하나. 내쉬면서, 하나. 들이쉬면서, 둘. 내쉬면서, 둘. 들이 쉬며, 셋. 내쉬며, 셋. 이렇게 열까지 올라갔다가 내려오는 거다. 열, 아홉, 여덟, 일곱…. 본인의 숨을 헤아리는 것은 집중, 사마디를 훈련하는 여러 방법들 가운데 하나다.

충분히 집중할 수 없으면 명상의 주제 속으로 뚫고 들어갈 수 없다. 그러므로 숨쉬기, 걷기, 앉아 있기와 다른 수련들이 당신의 집중 능력을 키우는 데 기본이 된다. 이를 일컬어 "멈추기"라고 부른다. 멈추어라, 집중하기 위하여. 전등갓이 빛의 분산을 막아서 책을 더 잘 볼 수 있게 해주듯이 명상의 첫걸음은 멈추는 것, 흐트러짐을 멈추고 한 가지 주제에 집중하는 것이다. 최선의 명상 주제, 가장 쉽게 선택할 수 있는 명상 주제는 당신의 호흡이다. 호흡은 실로 놀라운 것이다. 그것이 몸과 마음을 하나 되게 한다. 숨을 헤아리든지 그냥 따라가든지 목적은 멈추기 위한 것이다. 멈추기(stopping)와 보기(seeing)는 아주 가까운 사이이다. 당신이 멈추면 책장의 글자들이 분명해지고 당신 아들의 문제도 분명해진다. 멈추고 그리고 보고. 이것이 명상, 통찰 명상이다. 실재의 속을 꿰뚫어보는 것이 통찰(insight)이다. 멈추는 것은 보는 것이고, 보는 것은 멈추기를 도와준다. 둘이 하나다. 우리는 너무 많은 일을 한다. 너무 빨리 달린다. 상황은 어렵다. 그래서 사람들은 말한다. "거기 앉아 있지 말고 뭐든지 해라." 하지만 일을 너무 많이 하는 것이 상황을 더 나쁘게 만든다. 그러므로 당신은 이렇게 말해야 한다. "그냥 뭐를 하지만 말고, 앉아 있어라." 거기 앉아라, 멈추어라, 먼저 너 자신이 되어라, 거기에서 시작하는 거다. 이것이 명상의 의미다. 명상 홀에 앉아 있든지 집에 있든지 다른 어디에 있든지 당신은 그렇게 할 수 있다. 하지만 진짜로 앉아 있어야 한다. 그냥 앉아만 있는 것으로는 충분치 않다. 앉아라, 그리고 존재하여라. 존재하지 않고 앉아 있는 건 앉아 있는 게 아니다. 멈추기, 그리고 보기.

멈추기와 보기에는 여러 방법들이 있다. 유능한 교사들이 당신에게 도움 되는 수련방법들을 찾아줄 수 있을 것이다. 불교는 실재 속으로 들어가는 다르마 문(門)이 팔만사천 개나 있다고 말한다. 수련하는 방편, 수련하는 길이 다르마 문이다. 우리가 제어되지 않는 말을 탔다면 우리의 가장 큰 바람은 그 말을 멈추게 하는 것이리라. 어떻게 그를 멈출 것인가? 우리는 스피드에, 우리 자신을 잃어버리게 하는 스피드에 저항해야 한다. 그 저항을 조직화해야 한다. 차(茶) 명상을 하면서 두 시간에 차 한 잔 마시는 것은 저항의, 비폭력 저항의 몸짓이다. 우리가 그렇게 할 수 있는 것은 상가카야가 우리에게 있기 때문이다. 우리는 그것을 함께 할 수 있다. 자기를 상실케 하는 생활 방식에 저항할 수 있다. 걷기 명상도 저항이다. 앉기 명상도 저항이다. 그런즉 무기 경쟁을 멈추게 하려면 저항해야 한다. 당신의 일상생활 속에서 저항을 시작해야 한다. 나는 이런 문구를 범퍼에 붙이고 다니는 차를 뉴욕에서 보았다. "평화가 당신으로 비롯되게 하라." 옳은 말이다. 그리고 내가 평화로 비롯되게 하라. 이 또한 옳은 말이다.

*

걷기 명상은 매우 즐거운 경험이다. 우리는 천천히 걷는다, 혼자서 또는 벗들과 함께, 가능하면 아름다운 곳에서. 걷기를 제대로 즐기는 것이 걷기 명상이다. 어디 도달하기 위해서가 아니라 그냥 걷기 위해서 걷는다. 지금 이 순간에 현존하며 발걸음 하나하나를 즐기는 데 목적이 있다. 그러므로 당신은 온갖 근심 걱정 떨쳐버리고 장래를 생각하거나 과거를 생각하지 말고 그냥 현재 순간을 즐겨야 한다. 사정이 허락되면 아이 손을 잡고 걸을 수도 있다. 당신이 지구별에서 가장 행복한 사람인양 그렇게 발걸음을 옮기는 거다.

평상시에도 우리는 걷는다. 하지만 보통 달리는 것처럼 걷는다. 그렇게 걸을 때 우리는 걱정과 슬픔을 땅 위에 찍는 것이다. 우리는 오직 평화와 맑은 정신을 땅 위에 찍는 방식으로 걸어야 한다. 우리 모두 스스로 원하기만 한다면 그렇게 걸을 수 있다. 어린아이도 할 수 있다. 그렇게 한 걸음 걸을 수 있으면 둘, 셋, 넷, 다섯 걸음도 걸을 수 있다. 한 걸음을 평화롭고 행복하게 걸을 수 있으면 전체 인류를 위한 평화와 행복의 걸음이 될 수 있다. 실로 걷기 명상은 경이로운 수련법이다.

*

명상에 관한 부처님의 기본 가르침이 기록된 『대념처경』은 빨리어,

중국어, 영어, 프랑스어를 포함하여 여러 나라 말로 읽을 수 있다. 이 텍스트에 따르면 명상이란 우리의 몸, 우리의 느낌, 우리의 마음 그리고 마음의 대상인 세상에서 일어나는 일에 깨어 있는 것이다. 당신이 눈앞에서 일어나는 일에 깨어 있으면 그것들이 드러내어 보여주는 문제를 깊이 볼 수 있고 많은 문제들을 예방하는 데 도움을 줄 수도 있다. 우리의 일상생활을 어떻게 운영하느냐? 이는 더없이 중요한 질문이다. 우리의 느낌, 우리의 말, 날마다 겪는 일들을 어떻게 다루는가, 이게 명상이다. 우리는 명상을 일상생활에 적용하는 법을 배워야 한다.

쉽게 할 수 있는 일이 많다. 예를 들면, 저녁식사 전에 모두가 식탁에 둘러앉아 천천히 숨을 세 번 쉬면서 호흡 명상을 하는 거다. 자기 자신을 되찾기 위해서, 자기 자신으로 존재하기 위해서, 숨을 쉰다. 그렇게 깊은 숨을 쉴 때마다 당신은 분명 완전한 당신으로 돌아간다. 그러고는 수저를 들기 전에 한 사람씩 모두를 바라보며 이삼 초쯤 웃어준다. 우리는, 사랑하는 사람조차도, 일부러 시간을 내어 마주보지 않는다. 머잖아 너무 늦을 것이다. 이렇게 집안 모든 식구를 공개적으로 인정하고 바라보는 것이야말로 놀라운 일이다.

플럼빌리지에서 식사 전에 가타를 외는 것은 어린아이 몫이다. 아이는 밥그릇을 들어올리며 자기가 운이 좋은 줄을 안다. 난민인 그는 동남아 여러 나라의 아이들에게 먹을 것이 넉넉하지 않다는 것을 알고 있다. 그들이 서양에서 사는 쌀은 태국에서 수입한 최고 품종의 쌀이다. 그들은 태국에서도 아이들이 그런 쌀을 먹지 못한다는 사실을 안다. 그들은 훨씬 낮은 질의 쌀을 먹는다. 좋은 쌀은 외화를 벌기 위해서 외국에 수출한다. 난민 소년이 밥그릇을 들었을 때 그는 자기가 운이 좋다는 걸 모를 수 없다. 날마다 자기 또래 아이들 사만 명이 굶주려 죽어간다는 사실을 알고 있기 때문이다. 그래서 아이는 이렇게 말한다. "오늘 엄마가 장만한 좋은 음식이 밥상에 놓여 있습니다. 거기서 나는 아빠를 보고 거기서 나는 형을 보고 거기서 나는 누이를 봅니다. 굶은 이들이 많은 세상에서 이런 음식을 함께 먹으니 너무나 좋은 일입니다. 깊은 고마움을 느낍니다."

깨어 있기를 일상생활에 적용시키는 수련방법은 많이 있다. 전화벨 울릴 때 하는 호흡 명상, 회의장에 가면서 하는 걷기 명상, 굶주린 아이들이나 전쟁 희생자들을 도우면서 하는 명상 수련. 불교는 세상에 참여해야 한다. 명상 수련이 우리의 일상생활에 아무 가져다주는 것이 없다면 그게 다 무슨 소용인가?

*

당신은 호흡 명상이나 웃음 명상을 하면서 큰 행복을 느낄 수 있다. 조건들은 늘 구비되어 있다. 당신은 그것을 명상 홀에서 할 수 있다. 당신은 그것을 집에서 할 수 있다. 당신은 그것을 공원에서, 길가에서, 다른 어디서든지 할 수 있다. 나는 집집마다 숨쉬기를 위한 골방을 하나씩 마련했으면 한다. 우리는 잠자는 방, 밥 먹는 방, 요리하는 방이 따로 있다. 숨 쉬는 방 하나 없을 이유가 무엇인가? 호흡은 대단히 중요한 것이다.

나는 그 방이 간단하게 장식되어 있고 너무 환하지 않았으면 한다. 예쁜 소리를 내는 작은 종에 방석이나 걸상들, 우리의 참된 본성을 일깨워주는 꽃을 위한 꽃병도 하나쯤 있으면 좋겠다. 아이들이 웃으며 그 병에 꽃을 꽂을 수 있을 것이다. 식구가 다섯이면 방석이나 걸상 다섯 개에 손님을 위한 것들도 여분으로 마련해둔다. 때때로 손님을 초대하여 오 분이나 삼 분쯤 함께 앉아 숨을 쉴 수 있을 것이다.

부처님 형상이나 초상을 원한다면 부디 잘 선택하기 바란다. 나는 편안하지도 평화롭지도 않은 불상(佛像)들을 여러 번 보았다. 그것들을 만든 작가는 분명 호흡 수련을 하지 않았고 웃지도 않았을 것이다. 부처님을 집안에 모시고자 한다면 부디 잘 선택하기 바란다. 부처님은 우리 아이들을 위해서라도 웃고 행복하고 아름다워야 한다. 아이들이 보고 기분이 좋거나 행복감을 느끼지 않는다면 그건 좋은 불상이 아니다. 아름다운 불상을 찾을 수 없으면 기다려라. 그리고 그 대신 꽃 한 송이를 모셔라. 한 송이 꽃이 한 분 부처님이다. 꽃 한 송이에 부처의 본성[佛性]이 있다.

내가 아는 한 가정에서는 아침 식사를 마치고 아이들이 방에 들어가 십 분쯤 앉아서 숨을 들이쉬고-내쉬고-하나, 숨을 들이쉬고-내쉬고-둘, 숨을 들이쉬고-내쉬고-셋, 이렇게 열 번 숨을 쉬고 나서 학교로 간다. 참 아름다운 수련이다. 당신 자녀들이 열 번을 원치 않는다면 세 번은 어떤가? 부처님과 함께 하루를 시작하는 것이야말로 멋진 하루의 출발이다. 우리가 아침에 부처님이었으면 그 부처님을 잘 모시고자 온종일 노력할 것이고 하루 일과를 마치고 집으로 돌아올 때 웃을 수 있을 것이다. 여전히 거기에 부처님이 계시니까.

무슨 일로 짜증이 날 때면 아무 일도 하지 말고 아무 말도 하지 마라. 그냥 숨길을 좇아서 천천히 그 방으로 들어가라. 숨쉬기를 위한 그 "방"은 우리 안에 있는 부처님 땅[佛地]을 상징한다. 그러므로 언제든지, 집에 있지 않을 때도, 그리로 들어갈 수 있다. 내 친구 하나는 짜증이 날 때마다 자기 집의 숨쉬기 방으로 들어간다. 거기 가만 앉아서 세 번 숨을 들이쉬고 내쉰 다음 종을 울리고 그리고 가타를 암송한다. 그러면 금방 기분이 좋아진다. 좀 더 오래 앉아야겠다 싶으면 더 머문다. 때로 그의 아내가 종소리를 들으면 자기가 하는 일에 새

삼 마음을 챙긴다. 그럴 때 그녀는 자기 남편을 존중하는 마음이 든다. "저 이, 참 놀라워. 정말 남들과 달라. 자기 분노 다스리는 법을 알거든." 그녀가 무슨 일로 짜증이 났다가도 남편을 생각하면 분한 마음이 저절로 가라앉는다. 그녀는 하던 일을 멈추고 방으로 들어가 남편 곁에 앉는다. 그 어떤 비싼 그림보다도 사랑스럽고 아름다운 그림이다. 일을 이렇게 처리하면 다른 사람들에게도 좋은 영향을 미친다. 말이 아니라 본보기로 그들을 가르치는 거다. 당신 아이가 무슨 일로 짜증을 부릴 때 "숨쉬기 방으로 들어가!"라고 말하지 마라. 당신은 아이 손을 잡고 방으로 들어가서 아이와 함께 조용히 앉아 있을 수 있다. 이것이야말로 더없이 훌륭한 평화교육이다.

부처 되는 것으로 하루 일과를 시작하는 것은 참으로 아름다운 일이다. 내면의 부처를 떠나 있는 자기가 느껴질 때마다 우리는 자리에 앉아서 우리의 참 자아로 돌아올 때까지 숨을 쉴 수 있다. 내가 당신들에게 권하고 싶은 것이 세 가지 있다. 집 안에 숨쉬기 방, 명상하는 방을 하나 마련할 것. 아침마다 아이들과 함께 그 방에 들어가서 잠시만이라도 호흡 수련을 할 것. 잠자리에 들기 전 아이들과 함께 밖으로 나가서 천천히 걷기 명상을 할 것. 십 분이면 충분하다. 이것들은 대단히 중요하다. 이것들이 우리의 문명을 바꿀 것이다.

1926년 베트남에서 출생했다. 열여섯 살인 1942년 베트남 후에(Hue)의 옛 왕국에서 조금 떨어진 뚜 히에우(Tù Hiéu) 사원으로 들어가 승려가 되었다. 1961년 미국으로 건너가 프린스턴대학교와 컬럼비아대학교에서 비교종교학을 공부했다. 이후 베트남 전쟁이 발발하자, 전 세계를 돌며 반전평화운동을 전개했다. 이 때문에 베트남 정부에서 귀국 금지 조치를 당했지만 1967년 노벨평화상 후보로 추천되기도 했다.

1982년 프랑스 서남쪽에 있는 보르도 근처에 플럼빌리지(Plum Village)라는 작은 명상공동체를 세웠다. 현재 이곳에는 200명이 넘는 비구와 비구니들이 수행하고 있고 일반인에게도 수련의 기회를 제공하는 세계적 명상공동체가 되었다.

스님은 지난 2014년 가을 뇌출혈로 쓰러지면서 건강이 크게 악화됐다. 2018년 치료를 위해 태국을 방문한 후 플럼빌리지로 돌아오지 않고 베트남으로 향했다. 하지만 스님은 이후 회복하지 못하고 지난 2022년 1월 21일(베트남 시각 기준) 세납 96세로 입적했다.

입적 소식이 전해지자 달라이 라마, 마띠유 리까르 등 세계적 종교지도자는 물론 알레한드로 곤잘레스 이냐리투 등 문화예술계 인사, 그리고 우리나라 문재인 대통령, 엘 고어 전 미국 부통령, 안토니오 구테헤스 UN 사무총장 등 정계인사들까지 추모 메시지를 내며 애도에 동참했다.

스님의 다비식은 2022년 1월 29일 베트남 뚜히에우(Tù Hiéu) 사원에서 진행됐다. 코로나 유행 상황임에도 불구하고 승려와 일반 신도 수만 명이 참여했으며 세계 각국에서는 온라인으로 다비식이 중계됐다. 다비 후 수습된 유골은 뚜 히에우(Tù Hiéu) 사원과 플럼빌리지에 나눠 뿌려졌다.

이현주

옮긴이

관옥(觀玉)이라고도 부르며, '이 아무개'라는 필명을 쓰고 있다. 1944년 충주에서 태어나 감리교신학대학교를 졸업했다. 목사이자 동화작가이자 번역가이며, 교회와 대학 등에서 말씀도 나눈다. 동서양의 고전을 넘나드는 글들을 쓰고 있으며, 무위당(无爲堂) 장일순 선생과 함께 『노자 이야기』를 펴냈다.

평화 되기

2022년 5월 9일 초판 1쇄 발행

지은이 **틱낫한(Thich Nhat Hanh)** • 옮긴이 이현주
발행인 박상근(至弘) • 편집인 류지호 • 상무이사 김상기 • 편집이사 양동민
책임편집 이상근 • 편집 김재호, 양민호, 김소영, 권순범 • 디자인 쿠담디자인
제작 김명환 • 마케팅 김대현, 정승채, 이선호 • 관리 윤정안
펴낸 곳 불광출판사 (03150) 서울시 종로구 우정국로 45-13, 3층
     대표전화 02) 420-3200 편집부 02) 420-3300 팩시밀리 02) 420-3400
     출판등록 제300-2009-130호(1979. 10. 10.)

ISBN 978-89-7479-120-9 (03220)

값 15,000원

잘못된 책은 구입하신 서점에서 바꾸어 드립니다.
독자의 의견을 기다립니다. www.bulkwang.co.kr
불광출판사는 (주)불광미디어의 단행본 브랜드입니다.